U0489410

黄河交通学院文化与制度建设

汤迪操 主编

北京理工大学出版社
BEIJING INSTITUTE OF TECHNOLOGY PRESS

内 容 简 介

本书为黄河交通学院的校本文化建设成果专集,收录了《黄河交通学院章程》《黄河交通学院理事会章程》《黄河交通学院校园文化核心价值体系》等重要规章制度,集中反映了最近一个时期该校内涵建设的创新成果,体现了该校近年来在校园文化建设和现代大学制度建设上的不断探索,对于加快建成与地方经济社会发展对接紧密、特色鲜明、省内一流、行业知名的应用型民办本科高校具有现实而积极的意义。全书脉络清晰,结构完整,是一本具有较高学术价值的大学文化成果集。

版权专有　侵权必究

图书在版编目(CIP)数据

黄河交通学院文化与制度建设 / 汤迪操主编. -- 北京：北京理工大学出版社,2022.8
ISBN 978-7-5763-1562-2

Ⅰ. ①黄… Ⅱ. ①汤… Ⅲ. ①交通大学－校园文化－建设－焦作②交通大学－教育制度－制度建设－焦作 Ⅳ. ①G647②G649.21

中国版本图书馆 CIP 数据核字(2022)第 134679 号

出版发行 / 北京理工大学出版社有限责任公司
社　　址 / 北京市海淀区中关村南大街 5 号
邮　　编 / 100081
电　　话 / (010) 68914775 (总编室)
　　　　　 (010) 82562903 (教材售后服务热线)
　　　　　 (010) 68944723 (其他图书服务热线)
网　　址 / http：//www.bitpress.com.cn
经　　销 / 全国各地新华书店
印　　刷 / 三河市华骏印务包装有限公司
开　　本 / 787 毫米 × 1092 毫米　1/16
印　　张 / 9.5
字　　数 / 218 千字
版　　次 / 2022 年 8 月第 1 版　2022 年 8 月第 1 次印刷
定　　价 / 48.00 元

责任编辑 / 李慧智
文案编辑 / 杜　枝
责任校对 / 刘亚男
责任印制 / 李志强

图书出现印装质量问题,请拨打售后服务热线,本社负责调换

序

大学文化是大学在国家核心价值体系的引领下，在学校长期发展过程中形成并被凝结出来的共同意识和价值观念，它具有引领大学发展、规范师生行为的作用。文化传承和创新是大学的基本职能，独特的历史文化是大学的灵魂和基石。构建现代大学制度是高等教育改革和大学文化建设的重要任务，也是高等学校高质量发展的重要保障。加强学校基本制度建设，既是全面贯彻党的教育方针，落实立德树人根本任务的内在要求，也是规范办学行为，促进学校高质量发展的必由之路。

黄河交通学院始建于1995年，前身为郑州汽车中专，2003年升格为普通高等职业院校，更名为"郑州交通职业学院"，2013年经河南省人民政府批准，整体搬迁至焦作市武陟县，2014年升格为普通本科高校，更名为"黄河交通学院"。学校是河南省唯一一所以培养交通运输人才为特色的应用型本科院校。在近30年的奋斗历程中，学校始终服务于河南现代综合交通运输事业和地方经济社会发展，形成了以社会主义核心价值观为根本，以"艰苦创业、爱国爱校"的办学传统、"自强不息、砥砺奋进"的办学精神、"知行合一、特色发展"的办学理念、"德育为先、能力为重"的教育理念、"修德、启智、博学、笃行"的校训、"重德、敬业、善学"的校风等为支撑的核心价值体系。学校不断践行大学教书育人的使命，履行大学职能，在校园文化建设和现代大学制度建设上不断探索，逐步形成了《黄河交通学院文化与制度建设》这一重要文化成果。

《黄河交通学院文化与制度建设》收录了《黄河交通学院校园文化核心价值体系》《黄河交通学院章程》《黄河交通学院理事会章程》等重要规章制度，集中反映了最近一个时期学校内涵建设的创新成果，是学校全面贯彻落实全国教育大会精神和新时代全国高等学校本科教育工作会议精神的重要保障，对于加快建成与地方经济社会发展对接紧密、特色鲜明、省内一流、行业知名的应用型民办本科高校具有现实而积极的意义。

编 者
2021年10月

目　录

第一部分　校园文化核心价值体系 …………………………………（1）
- 一、办学指导思想 …………………………………………………（2）
- 二、办学定位 ………………………………………………………（2）
- 三、办学传统：艰苦创业　爱国爱校 ……………………………（2）
- 四、办学精神：自强不息　砥砺奋进 ……………………………（3）
- 五、办学理念：知行合一　特色发展 ……………………………（3）
- 六、教育理念：德育为先　能力为重 ……………………………（3）
- 七、校训：修德　启智　博学　笃行 ……………………………（4）
- 八、校风：重德　敬业　善学 ……………………………………（5）
- 九、教风：三敬重 …………………………………………………（5）
- 十、学风：勤勉　求是　创新 ……………………………………（6）
- 十一、校徽 …………………………………………………………（7）
- 十二、校歌 …………………………………………………………（8）

第二部分　学校章程 ………………………………………………（10）
- 黄河交通学院章程 …………………………………………………（11）
- 黄河交通学院理事会章程 …………………………………………（22）
- 黄河交通学院工作规程（试行） …………………………………（25）
- 黄河交通学院理事会工作规程（试行） …………………………（32）
- 黄河交通学院部门职责 ……………………………………………（38）

第三部分　学校重要管理制度 ……………………………………（61）
- 黄河交通学院党政联席会议议事规则 ……………………………（62）
- 黄河交通学院二级学院党政联席会议议事规则 …………………（65）
- 黄河交通学院预算管理办法（试行） ……………………………（68）
- 黄河交通学院学籍管理规定 ………………………………………（72）

·1·

黄河交通学院学生素质拓展与考核标准 …………………………………（ 80 ）
黄河交通学院关于扩大院（系、部）事权的实施细则 ………………………（ 84 ）
黄河交通学院关于推进产业学院建设的意见 …………………………………（ 95 ）
黄河交通学院关于进一步突出教学工作中心地位、提高本科教学质量的意见 …（ 99 ）
黄河交通学院立德树人提升工程实施方案 ……………………………………（102）
中共黄河交通学院委员会、黄河交通学院关于加强和改进师德师风
　　建设的意见 ……………………………………………………………………（110）
关于建立教职工联系大学生谈心谈话制度的意见 ……………………………（113）
黄河交通学院关于深入学习宣传贯彻《中华人民共和国民办教育
　　促进法实施条例》的意见 ……………………………………………………（115）
中共黄河交通学院委员会关于加强和改进新形势下思想政治工作
　　的实施意见 ……………………………………………………………………（119）
黄河交通学院教代会规定 ………………………………………………………（127）
黄河交通学院思想政治工作奖评审办法 ………………………………………（130）
黄河交通学院教师教学荣誉奖励办法（试行）…………………………………（134）
黄河交通学院教学质量奖评选办法（试行）……………………………………（138）
黄河交通学院学科竞赛管理办法 ………………………………………………（140）
黄河交通学院教学日常运行经费管理办法（试行）……………………………（143）

第一部分

校园文化核心价值体系

一、办学指导思想

以习近平新时代中国特色社会主义思想为指导,全面贯彻党和国家的教育方针,坚持社会主义办学方向,坚持立德树人,坚持依法治校,以应用型人才培养为中心,以提高人才培养质量为根本,以服务行业和地方经济社会发展为要务,办成人民满意的普通高等交通院校。

二、办学定位

办学类型定位:地方性、应用型、非营利性民办本科高校。办学层次定位:以本科教育为主,适度开展地方经济社会发展需要的高职教育。

学科专业定位:以工学为主,经济学、管理学、法学、艺术学等多学科专业协调发展。

培养目标定位:培养具有理想信念和社会责任感,专业基础扎实、实践能力较强、勇于创新创业,德智体美劳全面发展的高素质应用型人才。

服务面向定位:立足河南,面向行业,辐射全国。

学校发展目标定位:将学校建成与地方经济社会发展对接紧密、特色鲜明、省内一流、行业知名的应用型民办本科高校。

三、办学传统:艰苦创业　爱国爱校

办学传统是学校在其所处的社会变革中不断演变和逐步形成的,既要符合时代先进的教育思想和制度,又要受到传统教育思想和制度的影响。

艰苦创业:其主旨在于艰苦奋斗,其价值在于创业和奉献。体现了创办人筚路蓝缕的艰苦办学之路。从举办非学历教育到学历教育,从中专层次到本科层次的三次跨越式发展,体现了艰苦创业、玉汝于成的艰辛创业历程。创办人带领历代交院人艰苦奋斗,自强不息,以改革创新精神、务实重干作风,走进新时代,开启了一条建设特色鲜明、省内一流、行业知名的应用型本科高校新征程。

爱国爱校:学校将爱国教育放在首位,将"爱国"贯穿于学校办学的始终,让爱国主义精神在师生心中牢牢扎根。"爱国"体现了学校的办学历程与国家、民族的发展紧密相连、一体相关,体现出师生家国天下的情怀。体现了学校培养"怀爱国之情、立报国之志、学建国之才、励效国之行"的社会主义建设者和接班人的办学目的。爱国是爱校的出发点,爱校是爱国的着力点和具体体现。"爱校"的具体表现为:师生以校为家、以校为荣、以我荣校,与学校休戚与共、同舟共济,让热爱学校成为全体师生的一种情愫、一种行动、一种自觉!

我校以"艰苦创业　爱国爱校"为办学传统,是学校由小变大、从弱到强的传家宝,体现了"今天我以交院为荣,明天交院为我骄傲"的精神内涵,倡导全校师生艰苦奋斗,共同将学校建成师生学习、生活的乐园,师生精神的家园。

四、办学精神：自强不息　砥砺奋进

办学精神是学校逐步发展起来的精神内核，是一所大学凝聚师生团结一心、共同奋斗的精神支柱。

自强不息：语出《周易·乾》："天行健，君子以自强不息"，意为自觉地积极向上、发奋图强、永不懈怠。

砥砺奋进：砥砺，本义为磨刀石，引申指磨炼；即在磨炼中奋勇前进。

学校肩负着为党育人、为国育才的历史重任，秉承"自强不息，砥砺奋进"的办学精神，在办学实践中改革创新、奋发作为、争创一流。

五、办学理念：知行合一　特色发展

办学理念体现学校的办学之道、教学之道、求学之道和管理之道，可谓校之"魂"也。

知行合一：是由明朝思想家王守仁提出来的，即认识事物的道理与在现实中运用此道理，是密不可分的。"知"主要指人的道德意识和思想意念；"行"主要指人的道德践履和实际行动。中国古代哲学家认为，不仅要认识（知），尤其应当实践（行），只有把"知"和"行"统一起来，才能称得上"善"。主要包括以下两层意思：一是知中有行，行中有知。知必然要表现为行，不行不能算"真知"，而是"未知"。二是以知为行，知决定行。知是行的主意，行是知的工夫；知是行之始，行是知之成。"知行合一"，要求形成知识和实践的统一，这是应用型本科高校人才培养的要求。

特色发展：特色是立校之本，是开放办学、立德树人的时代要求。作为应用型本科高校，我校立足河南，面向行业，彰显交通特色，以特色促发展，以提升质量为主题，以内涵发展为主线，全面深化教育教学改革，全面推进依法治校，不断提高办学水平和教育教学质量，努力培养高素质应用型人才，为建设社会主义现代化国家提供人才支撑和智力支持，更好地服务地方经济（行业）社会高质量发展。

学校以"知行合一　特色发展"为办学理念，强调理论与实践的有机融合，以"人"的成功体验作为过程，以"人"的全面发展为归宿，找准办学定位，错位竞争，特色发展，扬长避短，出奇制胜。

六、教育理念：德育为先　能力为重

教育理念是教育主体在教学实践及教育思维活动中形成的对"教育应然"的理性认识和主观要求。

德育为先：立德树人是教育的根本任务，着力解决培养什么人、怎样培养人这两个问题。就是要以人的全面发展为根本，将德育摆在优先发展的位置上。德的古字形从彳（行）、从直，以示遵行正道之意，常用于指道德、品德。《礼记·大学》讲述"修身、齐家、治国、平天下"的道理。修身，就是立德树人，成为一个有道德教养的人。"德育为先"是教学生做人的教育，核心是使学生会做人，有良好的道德品质。"德育"是对大学培养人才的基本要求，是教师教书育人的职责体现，大学既要培养出高质量的社会主义建设者，又要培养出德才兼备的社会主义接班人。以德为先，为学生走向社会提供思想、方法和能力上的准备，使学生成为德、智、体、美、劳全面发展的社会主义建设者和接班人。

能力为重：能力包括学习能力、实践能力、创新能力、表达能力、与人沟通的能力等。能力为重就是在教育教学中重视基本能力的培养，强调培养学生的实践能力。坚持能力为重，优化知识结构，丰富社会实践，强化能力培养，着力提高学生的学习能力、实践能力、创新能力，教授学生知识技能，学会动手动脑，学会做人做事，促进学生主动适应社会，开创美好未来。

学校以"德育为先　能力为重"为教育理念，旨在加强学校的思想道德建设，体现学校培养高素质应用型人才的办学定位。

七、校训：修德　启智　博学　笃行

校训是学校的灵魂，体现了学校的办学传统，是学校的校园文化和教育理念的高度凝练。

"修德"出自《左传·庄公八年》，意为提升自身的修养、修养德行、行善积德。"大学之道，在明明德"，以"修德"为校训，旨在强调现代大学教育中道德建设的重要性，要求全校师生重视思想道德的提升，自觉遵守社会公德，积极倡导传统美德，切实维护职业道德，努力完善个人品德。

"启智"意为开启智慧的法门，以道启心，以心启智。以"启智"为校训，旨在要求师生以人为本，永远把人的教育培养放到第一位。培养良好品德，启迪潜在智慧，鼓励学生积极发挥自己的主观能动性和聪明才智，学习各方面的知识与技能，激发学习兴趣，最终成为对社会有用的人。

"博学"出自《中庸·第二十章》，"博"，大通也；意为学识渊博，知道的多，了解的广，学问丰富。以"博学"为校训，旨在强调师生在学科、专业等方面都应具有"博"的特点，要求在学术思想、学术风格、学术观点上应兼容并包、百花争艳；作为教师，必须博学，唯有渊博的专业知识和娴熟的教育技巧做支撑，才能和学生一起更好地学习成长，这是立身之本，也是为师之道；作为学生，要博学广识，精通专业，为未来走向社会打下坚实的功底，全面提升综合素质。

"笃行"出自《礼记·中庸》，"博学之，审问之，慎思之，明辨之，笃行之"。"笃行"是为学的最后阶段，就是既然学有所得，就要努力践履所学，使所学最终有所落实，做到"知行合一"。"笃"有忠贞不渝、踏踏实实、一心一意、坚持不懈之意，寓意只有目标明确、意志坚定的人，才能真正做到"笃行"，用学习获得的知识和思想指导实践。以"笃行"为校训，旨在要求师生无论是思想品德修养，还是专业技术学习，都必须理论联系实际，躬身实行，学以致用，不能夸夸其谈或言行不一。

校训是学校校风的集中表现，体现了学校的文化追求和精神风貌。学校以"修德　启

智　博学　笃行"为校训,对激励全校师生弘扬传统,增强责任感和使命感,保持奋发向上的精神状态,具有特别重要的意义。

八、校风:重德　敬业　善学

校风即学校的风气。它体现在学校各类人员的精神面貌上,体现在学生的学风、教师的教风、干部的作风、班级的班风上等。

"重德"出自《汉书·车千秋传》,意为以品德为重。校风把"重德"列为首位,体现着学校"育人为本、德育为先"的教育思想,旨在要求师生注重思想道德素质的全面提高,以弘扬中华民族的优秀传统文化、建设现代文明为己任,追求更高的思想道德目标。学校重德,在于依法治校,以德治校;教师重德,在于德高为范,艺高为师;学生重德,在于爱国爱校,成人成才。

"敬业"是一个人对自己所从事的工作及学习负责的态度,也是社会主义核心价值观的个人价值准则之一。以"敬业"为校风,旨在要求教师增强责任心,尊敬职业,尽职尽责,科学施教,淡泊名利,热爱教师工作,热爱学生,帮助学生进步和成长,显示教师生命的价值和人生的意义;鼓励学生要专心致力于学业,心无旁骛,学好专业知识,加强社会实践。

"善学"出自《礼记·学记》,"善学者,师逸而功倍,又从而庸之",意为善于学习。善学既符合传统为学精神,又能体现时代发展要求。在新时代,不仅要博学、勤学,更要善学;唯有善学,才能学有所得、学有成效。以"善学"为校风,对教师而言,理应"善学乐教",唯有善学才能善教,善学是近知之道、立教之本;对学生而言,要掌握好的学习方法且真正用心学习,才能取得好的成绩。

学校校风意蕴深涵,旨在激励广大师生以德为先,勤修好学之德,妙用善学之法,以爱岗敬业为准则去做事立业、服务社会。

九、教风:三敬重

三敬重,即敬重教师职业、敬重教育规律、敬重教育人格。

教风是指学校的教师在教学精神、教学态度和教学方法等方面形成的长期的、稳定的教育教学风气。

敬重,意思是恭敬尊重,出自《韩非子·林下》:"今君少主也,而务名,不如令荆贺君之孝也,则公不夺公位而大敬重公,则公常用宋矣"。

"敬重教师职业"意为恭敬、尊重教师职业。教师是人类最古老的职业之一。教师受社会的委托对受教育者进行专门的具有建设性的教育,执行各项教育政策,向学生传授科学文化知识,维护社会稳定,为国家和社会培养高素质人才。教师工作质量的好坏关系到年轻一代身心发展的水平和民族素质提高的程度。以"敬重教师职业"为教风,旨在强调教师要重视教师职业,要求教师做人类文化科学知识的继承者和传播者,做学生智力的开发者和个性的塑造者,做学生身心发展过程的教育者和组织者。

"敬重教育规律"意为恭敬、尊重教育规律。教育规律同规律一样，是不以人的意志为转移的客观事物内在的必然的本质性联系，以及事物发展变化的必然趋势。以"敬重教育规律"为教风，旨在要求教师根据教育与社会协同发展的规律、教育与经济协同发展的规律、本国教育与国际教育协同发展的规律、学生身心协同发展的规律和办学条件协调发展的规律，以客观、冷静、负责的心态来思考怎么做好教育工作。只有敬重教育规律，教育才有了发展的可持续性和高质量保障。

"敬重教育人格"意为恭敬、尊重教育人格。把教师具有可以育人的资质特点的人格称之为教育人格。因为教师教育人格鲜明的教育学指向性和动力特征，因此对教育具有深刻的影响，或者说教育魅力，成为教育行为的"第三只手"。以"敬重教育人格"为教风，一方面旨在强调人格教育比知识教育更重要，要培养学生正确的世界观、人生观、价值观，落实立德树人的根本任务；另一方面旨在强调教育人格在于教育的品质，教师应该追求教育的品质，树立质量文化，对不同的学生进行个性化教育，因材施教。

学校将"三敬重"作为教风，体现了对教育者自身职业规律和教育人格的敬畏和尊重，自重胜于他重，自律胜于他律，懂得规律、敬畏职业，这种教风既可对学生起到熏陶、激励和潜移默化的教育作用，亦可对我校的校风和学风带来积极影响。

十、学风：勤勉　求是　创新

学风是学校师生员工在治学精神、治学态度和治学方法等方面的风格，也是学校师生智、情、意、行在学习上的综合表现。

"勤勉"语出《荀子·富国》："奸邪不作，盗贼不起，化善者勤勉矣"，意为努力不懈、勤奋自勉。勤勉是人类的生存之本，是中华民族的传统美德，更是当代学子求知成才的必由之路。《孟子·公孙丑上》曰："勤勉之道无他，在有恒而已"。就是说，勤勉没有其他的方法，关键在于有恒心和毅力，需要坚持不懈。以"勤勉"为学风，旨在要求学生抓住分秒时间持之以恒发奋学习；教育学生要懂得成就都是从勤学、勤思、勤问、勤践中得来的，需要靠自身的勤勉来把小事做大、大事做强、强事做优，才能获得成功。

"求是"意指探究自然、社会和人本身运动（活动）的奥秘、规律，更指追求真理的科学态度、科学精神。"求"，追求、探究；"是"，真也，引申定义为"真谛、规律、本质"。以"求是"为学风，旨在要求学生崇尚科学，坚持真理，遵循规律，做人、做学问、做事情求真求是。这种严谨的治学态度和方法，体现了实事求是的思想路线、科学精神和工作作风，无论作为学校主体，还是作为学校的成员，只有求真求是，才能实现可持续、高质量发展。

"创新"语出《南史·后妃传上·宋世祖殷淑仪》，意为"创立或创造新的"。在新时代，创新能力是一个人的竞争优势之源。以"创新"为学风，旨在提高学生的创新能力，它要求学生在学习中要善于质疑、敢于创新，进一步解放思想、开阔思路、转变观念，不断确立新目标，积极拓展新思路，及时解决新问题，切实取得新成就，努力达到新高度。鼓励学生用创造性思维探讨所学的东西，发展独立思考和独立判断的能力，学会采用独特的方法，善于捕捉机会发现问题并解决问题。

勤勉是前提，求是是基础，创新是目的。学风建设是学生工作的龙头，是学校办学思想、教育质量和管理水平的重要标志。学校大力弘扬"勤勉 求是 创新"的优良学习风气，营造积极向上、奋发有为的校园学习氛围，引导学生明确学习目标，端正学习态度，增强学习动力，着力提高学习能力、实践能力和创新能力，对学生的成长起着重大作用，对学校的建设和发展必将产生深远的影响。

十一、校徽

校徽的整个画面呈圆形，主色调以红、蓝为主，主体图案为奔流不息的黄河托起喷薄而出的太阳，描绘出黄河从天外飞来、太阳从黄河中跃出的磅礴气势，象征学校充满了生机和活力。"交"字的变形组合，蕴含着学校属于交通行业特色型高校，担负着立德树人的根本任务和为党育人、为国育才的历史使命。"1995"寓示学校始建于1995年，有着多年的办学历史和文化积淀。在图形的外围饰以圆环，标写"黄河交通学院"校名标准字体和英文全称，标志着全校师生团结奋进，自强不息。校徽整体寓意为：黄河交通学院坚持社会主义办学方向，沿着高质量内涵发展道路前行，拥有无限壮丽的广阔前景。

十二、校歌

走在民族复兴的大道上

（黄河交通学院校歌）
（混声合唱）

王 裕清 作词
张 宏光 作曲

1=♭E 4/4
♩=106

巍巍太行 挺起 华夏脊梁
巍巍太行 挺起 华夏脊梁

滔滔黄河 传唱着 中国梦想
滔滔黄河 传唱着 中国梦想

莘莘学子 勇于 使命担当
黄河太行 见证 我们成长

修德笃行 我们 激情飞扬 走在
求是创新 我们 步履铿锵 走在

民族复兴的 大道 上
民族复兴的 大道 上 啊

修德笃行 我们 激情飞扬 求是创

新 我们 步履铿锵 走在民族

复兴的 大道 上

黄河交通学院校歌创作于2021年4月,由黄河交通学院学术委员会主任、河南理工大学原副校长、博士生导师、二级教授王裕清作词,著名作曲家张宏光谱曲。歌词为:"巍巍太行,挺起华夏脊梁,滔滔黄河,传唱着中国梦想。莘莘学子,勇于使命担当,修德笃行,我们激情飞扬,走在民族复兴的大道上!巍巍太行,挺起华夏脊梁,滔滔黄河,传唱着中国梦想。黄河太行,见证我们成长,求是创新,我们步履铿锵,走在民族复兴的大道上!"歌词气势如虹,催人奋进,不仅形象地描绘出学校背倚巍巍太行山、面临宽广母亲河的独特地理位置,而且充分反映了学校对国家、民族、人民的使命担当,体现了莘莘学子修德笃行、求是创新、为实现中华民族伟大复兴中国梦而努力奋进的真实写照。

第二部分

学校章程

黄河交通学院章程

（2022）

第一章 总则

第一条 为依法办学，规范管理，使学校各项办学活动有章可循，满足人民群众对高素质应用型人才的需求，根据《中华人民共和国教育法》《中华人民共和国高等教育法》《中华人民共和国民办教育促进法》《中华人民共和国民办教育促进法实施条例》《高等学校章程制定暂行办法》等法律、法规，制定本章程。

第二条 办学方向：坚持中国共产党领导，以习近平新时代中国特色社会主义思想为指导，全面贯彻党的教育方针，坚持社会主义办学方向，落实立德树人根本任务，坚持教育的公益属性，培养德智体美劳全面发展的社会主义建设者和接班人。

第二章 校名、校址、办学性质和法人属性

第三条 学校名称：黄河交通学院，英文名称：Huanghe Jiaotong University.

第四条 办学地点、住所地：学校设有东、西两个校区。东校区位于河南省焦作市武陟县河朔大道566号，西校区位于河南省焦作市武陟县迎宾大道333号。住所地：河南省焦作市武陟县迎宾大道333号。

学校的网址为：http://www.zjtu.edu.cn。

第五条 学校为非营利性法人，依法享有办学自主权，独立承担法律责任。

第六条 办学性质：全日制民办普通本科高等学校。

第三章 发展定位和培养目标

第七条 发展定位：立足河南，面向行业，辐射全国。构建以工学为主，经济学、管理学、法学、艺术学等多学科专业协调发展的学科框架结构；将学校建成与地方经济社会发展对接紧密、特色鲜明、省内一流、行业知名的应用型民办本科高校。

第八条 培养目标：培养具有理想信念和社会责任感，专业基础扎实、实践能力较强、勇于创新创业，德智体美劳全面发展的高素质应用型人才。

第四章 办学规模、办学层次和教育形式

第九条 学校以普通全日制本科教育为主，适度开展全日制专科教育和成人继续教育。

第十条 学校办学规模由省级教育行政部门核定。

第五章 学科门类和专业设置

第十一条 学校的学科与专业建设：学校依托现代综合交通运输行业，重点发展适应现代综合交通运输产业发展的学科、专业，建设以工学为主体的学科、专业体系。以机械工程、交通运输工程、土木工程相关学科专业建设为重点，适度发展经济、管理、法学、艺术类学科专业。

第十二条 学校根据现代综合交通运输发展需要，调整和设置学科、专业，建立学科专业设置动态预测调整机制。其调整原则是：根据经济社会高质量发展和高等教育发展的需要，加大市场紧缺专业开发，注重特色专业建设，发挥重点专业的带动效应，不断优化学科专业结构。

第十三条 学科专业设置与调整的程序：学科专业设置与调整由院（系、部）做好市场调查和论证，报教务处审核，经学校学术委员会讨论通过后，报上级部门审批或备案。

第六章 内部管理体制

第十四条 学校依照《中华人民共和国民办教育促进法》和《中华人民共和国民办教育促进法实施条例》有关规定成立理事会，理事会为学校最高决策机构，按照《黄河交通学院理事会章程》开展工作和活动。学校法定代表人由理事长担任。党委书记作为理事，进入理事会，参与重大事项决策。

（一）理事会由举办者或其代表、党委书记、校长、工会主席、教职工代表等人员组成，其中党委委员应占理事总人数的二分之一以上，三分之一以上的理事应具有5年以上教育教学经验；

（二）理事会由7~9人组成，其中理事长1人，副理事长2人，理事4~6人。理事会成员任期一届四年。理事长和理事名单报审批机关备案。理事会下设战略发展与决策咨询委员会、督察与评价委员会、理事会办公室等内设机构，内设机构在理事长领导下进行工作，具体负责理事会日常事务；

（三）理事会全体会议原则上每季度召开一次，三分之一以上理事会成员提议，可召开理事会临时会议。理事会会议由理事长负责召集，理事长因故缺席时，由副理事长负责召集。特殊情况提前或延期由理事长决定。出席理事会的人数必须为全体理事的三分之二以上，不够三分之二人数时，通过的决议无效。理事会贯彻民主集中制，会议实行一人一票和少数服从多数的原则，理事会的决议须经全体理事过三分之二以上通过方为有效。

（四）理事会依法行使下列职权：

1. 变更举办者；
2. 聘任和解聘校长；
3. 修改学校章程和制定学校的规章制度；
4. 制定学校发展规划、批准年度工作计划；
5. 筹集办学经费，审核预算、决算；
6. 审议与批准学校内部机构设置、岗位编制、薪酬体系与标准和考核方案；
7. 审批学校基础建设、项目招标、大宗物品和设备采购计划；

8. 决定学校的分立、合并、终止；

9. 对理事会决议的执行情况、落实效果进行评价与监督，对学校的管理工作进行评估，并将评价情况作为绩效考核及人事任免的依据；

10. 决定其他重大事项。

第十五条　学校理事会按照国家有关法律、法规的规定聘任学校校长，校长必须具备国家规定的任职条件，具有 10 年以上从事高等教育管理经历，身体健康，年龄不超过 70 岁。校长每届任期四年，可以连任。

第十六条　校长负责学校的教育教学、科研和行政管理工作，行使下列职权：

（一）执行理事会的决定；

（二）实施发展规划，拟订年度工作计划、财务预算和学校规章制度；

（三）聘任和解聘学校工作人员，实施奖惩；

（四）组织教育教学、科研活动，保证教育教学质量；

（五）负责学校日常管理工作；

（六）落实学校理事会的其他授权。

学校根据需要设副校长和校长助理若干人，协助校长行使职权。

第十七条　校长办公会是学校行政决策议事机构，研究和处理教育教学、科研和其他行政管理工作等有关问题，决定有关事项，组织实施理事会有关决议。

第十八条　校长办公会议原则上每两周召开一次，遇有重要情况经校长同意可以随时召开。会议由校长召集并主持。校长不能参加会议的，可以委托副校长召集并主持。

第十九条　校长办公会议成员一般为学校党政领导班子成员，成员组成符合本章程第四十五条的要求。会议必须有半数以上成员到会方能召开。会议成员因故不能出席时，应当在会前向校长请假。

理事会办公室主任、学校党政办公室主任列席会议；督察与评价委会办公室派员列席会议；议题相关单位负责人可以列席会议；涉及师生切身利益的重大议题可以邀请师生代表列席。

第二十条　学校成立黄河交通学院监事会，依据国家有关规定和学校章程对学校办学行为进行监督。

第二十一条　监事会由党的基层组织代表和教职工代表等人员组成。设立监事长 1 人，副监事长 1 人，其中教职工代表应占监事会总人数的三分之一以上。学校理事及其近亲属、校长及财务负责人，不得兼任、担任监事。

第二十二条　学校实行校、院（系、部）两级管理体制。

院（系、部）在学校授权范围内自主开展教学、科研活动、学生管理和社会服务等工作。实行党政共同负责制。

院（系、部）设书记 1 人，院长（主任）1 人。院长（主任）是院（系、部）的行政负责人，全面负责本院（系、部）的教学、科研、学科专业建设、对外交流和其他行政管理工作。书记负责院（系、部）的党务工作。

院（系、部）设副书记、副院长（主任）若干人，协助书记或党员院长（主任）履行职责。

党政联席会议是院（系、部）的基本议事制度。党政联席会议由院党总支书记或党员院长（主任）主持。

院（系、部）党组织发挥政治核心作用。负责院（系、部）教职工及学生的思想政治和党建工作，保证党和国家的路线、方针、政策和学校的规章制度在本部门的贯彻执行。

第二十三条 学校依法建立教职工代表大会制度，按照民主集中制原则，集体讨论决定学校的重大事项，依法通过教职工代表大会形式，保障教职工参与民主管理和监督的权力。

第二十四条 教职工代表大会代表以教师为主体，由教职工民主选举产生。在代表中推选人员，组成主席团。教职工代表大会在学校党委的领导下，在讨论决定重大事宜时须有三分之二以上大会代表出席。选举和表决须经大会代表总数半数以上通过方为有效。学校教职工代表大会每届任期为五年，期满应当进行换届选举。教职工代表大会闭会期间，学校工会代为行使其职权。

第二十五条 学校教职工代表大会有以下职权：

（一）听取学院章程草案的制定和修订情况报告，提出修改意见和建议；

（二）听取学院发展规划、教职工队伍建设、教育教学改革、校园建设以及其他重大改革和重大问题解决方案的报告，提出意见和建议；

（三）听取学院年度工作、财务工作、工会工作报告以及其他专项工作报告，提出意见和建议；

（四）讨论通过学院提出的与教职工利益直接相关的绩效分配实施方案以及相应的教职工聘任、考核、奖惩办法；

（五）审议上一届（次）教职工代表大会提案办理情况和通过的重要事项落实情况报告；

（六）通过多种方式对学院工作提出意见与建议，监督学院章程、规章制度和决策的落实，提出整改意见和建议；

（七）讨论法律法规规定的其他相关事项。

第二十六条 学校工会是学校党委领导下教职工自愿加入的群众组织。学校工会按照《工会法》和《工会章程》独立自主开展工作，依法行使权利和履行义务。

第二十七条 学校按照精简、高效的原则，依法设置管理机构、教学机构、科研机构和教辅机构。根据学校事业发展的需要适当进行内设机构调整。内设机构根据职能分工履行职责，公布管理权限、管理程序、服务事项、办理期限等，提高管理效能和服务质量，接受师生员工的监督。学校设置相关专门委员会，协调和处理学校综合性管理事务，并根据工作需要，设立相关领导小组等临时性协调机构。

第二十八条 学校学术委员会是我校最高学术机构，统筹行使学术事务的决策、审议、评定和咨询等职权，负责审议学科专业设置和教学科研计划，评定教学、科研成果，组织学术活动。

第二十九条 学校学术委员会由25~45人组成，设主任委员1人，副主任委员若干。其中，担任学校及职能部门党政领导职务的委员，不超过委员总人数的四分之一；不担任党政领导职务及院系主要负责人的专任教授，不少于委员总人数的二分之一。学校学术委员会实行任期制，每届任期为4年。学校学术委员会委员由校长办公会议研究通过，校长聘任。

学校学术委员会下设秘书处，负责处理学术委员会日常事务。

第三十条　学校学术委员会委员从各专业具有副高以上专业技术职务人员中选聘，也可从企事业单位一线高级工程技术人才和现代高级管理人才中遴选、聘任。

第三十一条　学校学术委员会实行例会制，每学年召开一次全体委员会议。在讨论决定重大事宜时，参加会议的委员不得少于全体委员的三分之二，以不记名投票方式表决，投票表决的票数须达到学术委员会全体委员的半数以上。

第三十二条　各二级学院（系、部）可根据情况设立相应的分学术委员会，受学校学术委员会指导，其章程可参照校学术委员会章程制定。

第三十三条　学位评定委员会是统筹协调学校学位管理、学位授权工作的决策、咨询与审议机构，开展学位审查评定工作。

第三十四条　学校学位评定委员会委员总数一般为19~21人，任期一般为三年。学校学位评定委员会设主席1名，副主席1名；学校学位评定委员会委员原则上为高级职称。

第三十五条　学校学位评定委员会主席由校长担任，副主席由主管教学工作的副校长担任，委员由各学科专业主要依托的学院（系、部）负责人和教学科研人员担任。

第三十六条　学位评定委员会委员应具备以下基本条件：

（一）学风端正，治学严谨，热爱教育事业，关心学校建设和发展；

（二）在教学、科研和管理等方面取得较为突出的成绩，熟悉学校及上级学位工作相关政策；

（三）办事公正，原则性强，具有较强的议事和决策能力；

（四）身体健康，能够履行委员职责；

（五）学校规定的其他条件。

第三十七条　学校学位评定委员会的审议应当通过会议进行，会议必须有委员会全体成员三分之二及以上者出席，决议方为有效。

第三十八条　学生代表大会是学生参与学校民主管理和监督的重要形式。学生代表大会每年召开一次，须有应到会代表总数三分之二以上出席方能召开，大会通过决议实行举手表决制，重要人事任免实行无记名票决制。学生代表大会的选举和表决须经全体应到会代表过半数以上通过方为有效。学校设立学生代表大会制度和院级学生代表大会制度。

第三十九条　学校共青团在学校党委和上级团委的领导下，按照《中国共产主义青年团章程》开展活动，发挥思想政治教育、校园文化建设、学生权益维护和综合素质提高等方面的组织、引导等作用。

第四十条　学校根据精简、统一、高效的原则，设置内部管理职能机构、保障服务机构和其他机构，各机构根据学校规定履行管理、保障、服务等职责。充分发挥机制优势，依照法律和学校规定进行高效管理。

第四十一条　学校法定代表人为学校安全和稳定工作的第一责任人。学校应加强应急管理，建立健全安全稳定工作机制，加强学校安全保卫工作队伍建设，加强对学校教学、生活、活动设施的安全检查，落实各项安全防范措施，维护校园安全稳定和正常的教学秩序。

第七章　学校党委建设及其工作机制

第四十二条　学校党委的设立及隶属关系。建立中国共产党黄河交通学院委员会，按照中国共产党章程的规定开展党的活动，加强党的建设。学校党委隶属于中国共产党河南省委教育工作委员会。

第四十三条 学校党委的主要职责。学校党委是党在学校中的战斗堡垒，坚持以党的政治建设为统领，把抓好思想政治工作与德育工作作为首要政治责任，全面加强学校党建工作。领导、支持内设纪检部门履行监督执纪问责职责，接受同级纪检部门和上级纪委监委及其派驻纪检监察机构的监督。坚持教育必须为社会主义现代化建设服务、为人民服务，必须与生产劳动和社会实践相结合，培养德智体美劳全面发展的社会主义建设者和接班人。

第四十四条 学校党委委员及党委书记的产生。学校党委设书记1名、副书记2名。委员由党员代表大会产生，书记由上级党组织选派产生，副书记由学校党委会选举产生。

第四十五条 学校党委在学校法人治理结构中的地位。学校党委班子与学校决策层、管理层"双向进入、交叉任职"，学校党委领导班子成员通过法定程序进入学校决策机构、行政管理机构和监管机构，党员校长、副校长等行政机构成员可按照党的有关规定进入学校党委领导班子。

第四十六条 学校党委参与决策和监督。建立健全学校党委参与决策和监督制度。涉及党的建设、思想政治工作和德育工作等事项，由学校党委会议研究决定；涉及学校发展规划、重要改革、人事安排和师生员工切身利益等重大事项，学校党委参与讨论研究，经学校党委会议研究同意后再提交理事会做出决定；涉及教师引进、课程建设、教材选用、学术活动、对外交流等事项，学校党委把好政治关。建立健全学校党委与理事会、监事会日常沟通协商制度，以及学校党委与行政领导班子联席会议制度；强化学校党委对学校重要决策实施的监督，定期组织党员、教职工代表等听取校长工作报告以及学校重大事项情况通报。

第四十七条 学校党委机构设置。学校党委根据工作需要在学校二级单位建立党组织，监督党的教育方针贯彻落实，巩固马克思主义在学校意识形态领域的指导地位，加强思想政治引领，筑牢师生理想信念根基，保证教学科研管理等各项任务完成。

第四十八条 党员发展和教育管理。加强党员队伍建设。做好发展党员工作，严格党的组织生活，规范党员组织关系管理，从严教育管理党员。

第四十九条 思想政治教育和意识形态工作。加强思想政治教育和意识形态工作。学校党委领导学校思想政治工作，推动习近平新时代中国特色社会主义思想进校园进课堂进头脑，抓好学生德育工作，把思想政治教育融入学生学习生活各环节，促进全员全过程全方位育人，巩固学校思想文化和意识形态阵地。重视师德师风建设，加强思想政治工作队伍建设。

第五十条 党建工作保障。健全党的工作部门，设立党委办公室、组织部、宣传部、统战部和纪检与监察办公室等党务工作部门，配备专兼职党务工作人员，从事党的组织、宣传、纪检等方面工作。落实党建经费、活动场所等方面的保障机制，党组织活动经费列入学校年度经费预算。

第八章 资产、经费来源、注册资金和财务制度

第五十一条 根据学校2020年审计报告载明的信息，截至2020年12月31日，学校净资产总额为3.94亿元。

第五十二条 学校办学经费主要来源包括：
（一）举办者出资；
（二）学费收入；
（三）校企合作单位资助；
（四）社会捐赠；
（五）后勤服务单位创收；
（六）利息收入；
（七）其他合法收入。

第五十三条 举办者按时足额履行出资义务。学校存续期间，所有资产归学校所有。学校按照国家法律、法规和有关规定予以保护和管理，任何组织和个人不得侵占；学校接受的社会捐赠，依照《中华人民共和国公益事业捐赠法》以及捐赠人所约定的管理方法和用途使用。

第五十四条 学校依法建立健全财务管理机构、会计和财务管理制度，按照"统一领导，集中管理，量入为出，收支平衡"的原则，合理使用并严格管理教育经费，提高教育投入效益。

第五十五条 学校设立统一的财产物资管理机构。建立健全管理制度，对学校固定资产、教学仪器设备、房屋场地及其他财产实行严格管理。按照《中华人民共和国民办教育促进法实施条例》规定，在每个会计年度结束时，从经审计的年度非限定性净资产增加额中按不低于10%的比例提取发展基金，用于学校的建设、维护和教学设备的购置、维护、更新等。

第五十六条 学校建立办学成本核算制度，基于办学成本和市场需求等因素，遵循公平、合法和诚实信用原则，考虑经济效益与社会效益，合理确定收费项目和标准。

第五十七条 建立利益关联方交易的信息披露制度。完善对产业学院、校企合作项目的监管机制，主动、及时披露对决策产生重大影响的相关信息。

第五十八条 学校资产的使用和财务管理受审批机关和其他有关部门的监督。学校在每个会计年度结束时制作年度财务会计报告，委托会计师事务所依法进行审计，并公布审计结果。

第九章 举办者与学校

第五十九条 学校举办者是李顺兴先生。

第六十条 举办者的权利：
（一）依法制定学校章程；
（二）推选首届学校理事会组成人员；
（三）依据法律法规和学校章程规定的程序和要求参加或者委派代表参加学校理事会；
（四）依据学校章程规定的权限行使相应的决策权、管理权；
（五）法律、法规规定的其他权利；

第六十一条 举办者的义务：
（一）支持学校依法办学、自主管理；

（二）按时、足额履行出资义务，保证必要而稳定的办学经费；

（三）支持学校开展人才培养、队伍建设、学科建设、科学研究等活动；

（四）维护学校的合法权益，保障学校正常的教育教学秩序；

（五）法律、法规规定的其他义务。

第六十二条　学校的权利：

（一）按照章程自主办学；

（二）组织实施教育教学活动；

（三）自主制定招生方案，依法自主设置和调整学科、专业，依法颁发学业证书、学位证书；

（四）自主开展科学研究、技术开发、社会服务、文化传承和创新等；

（五）自主开展对外合作和交流；

（六）聘任教师及其他职工，实施奖励或者处分；

（七）对举办者提供的财产、受捐赠财产等学校资产依法自主管理和使用；

（八）对学生实施安全教育和管理，在权力范围内处理学校内各类安全事故，建立健全学校规章制度，做好安全防范措施；

（九）拒绝任何组织和个人对教育教学活动的非法干涉；

（十）法律、法规规定的其他权利。

第六十三条　学校的义务：

（一）全面贯彻国家的教育方针，执行国家教育教学标准，保证教育教学质量；

（二）维护受教育者、教师及其他职工的合法权益；

（三）遵守国家收费规定，公开收费项目和标准；

（四）接受上级教育行政部门的业务指导和检查评估；

（五）对学校投入的资产依法自主管理和使用；

（六）完善学校内部监督机制，实施民主管理；

（七）为经济社会发展提供服务；

（八）建立专项资金，由学校管理，用于教职工职业激励或者增加待遇保障；

（九）法律、法规规定的其他义务。

第十章　教职工

第六十四条　学校对教职工实行劳动、聘任合同制度。

第六十五条　学校建立考核机制。考核结果作为教职工聘用聘任、晋升工资和实施奖惩的重要依据。

第六十六条　学校教职工享有下列权利：

（一）按工作职责合理使用学校的公共资源，公平获得自身发展所需的学习、工作、晋升机会；

（二）获得公正评价，公平获得各级各类奖励和荣誉；

（三）参与民主管理，对学校改革、建设、发展及关涉切身利益的事项有知情权、建议权；

（四）享受国家法律、法规及学校规章、聘约规定的福利待遇等基本权利；
（五）就职务、福利待遇、评优评奖、纪律处分等事项表达异议和提出申诉；
（六）享受国家规定的社会保险、补充保险、住房公积金等，依法享有工资、福利待遇以及寒暑假期的带薪休假；
（七）通过教职工代表大会或者其他形式，参与学校的民主管理；
（八）法律、法规规定的其他权利。

第六十七条 学校教职工应履行下列义务：
（一）贯彻党和国家的教育方针，坚持"立德树人"根本标准，遵纪守法，为人师表；
（二）珍惜和维护学校名誉，维护学校的秩序与利益；
（三）遵守规章制度，开展教育教学活动，完成教育教学工作任务；
（四）从事科学研究、学术交流；
（五）指导学生的学习，评定学生的学业成绩；
（六）尊重爱护学生，促进学生全面发展，维护学生利益；
（七）接受思想品德教育和业务培训，不断提高思想政治觉悟和业务水平；
（八）法律、法规规定的其他义务。

第六十八条 学校对表现优异或为学校发展做出突出贡献的教职员工给予表彰和奖励；对违反学校规章制度、聘约的教职员工给予相应的处分。

第六十九条 学校尊重人才，尊重教师教学、科研的创造性劳动，维护学术自由，倡导良好的学术道德风尚，为教师教学科研活动提供必要的条件和保障。

第七十条 支持教职工通过学术委员会、教授委员会及工会、教职工代表大会等组织参与学校管理，维护自身权益。

第十一章 学生

第七十一条 学生是指具有本校学籍的受教育者。

第七十二条 学生在校期间享有下列权利：
（一）参加学校教育教学计划安排的各项活动，使用学校提供的教育教学资源；
（二）参加勤工助学、社会服务，在校内组织、参加学生团体及文娱体育等活动；
（三）按照有关规定申请奖学金、助学金；
（四）在思想品德、学业成绩等方面获得公正评价，完成学校规定学业后获得相应的学历证书、学位证书；
（五）参与学生事务的民主管理和监督，对关涉学生切身利益的事项有知情权、建议权；
（六）对学校给予的处分或者处理有异议，向学校或者教育行政部门提出申诉；对学校、教职员工侵犯其人身权、财产权等合法权益，提出申诉或者依法提起诉讼；
（七）法律、法规规定的其他权利。

第七十三条 学生在校期间应履行下列义务：
（一）遵守宪法、法律、法规和教育部颁发的《高等学校学生管理规定》以及学校的各项规章制度；

（二）遵纪守法，尊敬师长，养成良好的思想品德和行为习惯；

（三）按照国家规定标准缴纳学费及相关费用，履行获得贷学金及助学金的相应义务；

（四）参加教育教学计划安排的各项活动，完成教学规定的学习任务；

（五）按规定积极参加社会实践、学生社团活动；

（六）按规定参与奖学金、贷学金、助学金的评定；

（七）法律、法规规定的其他义务。

第七十四条　学校重视学生的全面培养，为学生全面发展提供必要条件，鼓励支持学生参加学术竞赛、创新创业、社会实践、科学研究等活动，引导学生在德智体美相互促进、有机融合中实现全面发展。

第七十五条　学校设立奖学金、助学金、困难补助、勤工助学岗位等奖励和资助项目，提供大学生心理健康教育与咨询、社会实践、就业创业指导等服务，关心在学习和生活中遇到特殊困难的学生，为其健康成长提供必要的帮助。

第七十六条　学校对表现突出和为学校争得荣誉的学生集体或个人进行表彰奖励；对违法违纪学生给予相应的处分。

第七十七条　支持和保障学生通过党团组织、学生代表大会、学生会等参与学校民主管理，依法维护合法权益。

第十二章　变更与终止

第七十八条　学校的分立、合并在进行财务清算后，由学校理事会报审批机关批准。

第七十九条　学校举办者的变更，由举办者提出，6个月内向审批机关提出变更，在进行财务清算后，签订变更协议，根据其依法享有的合法权益与继任举办者协议约定变更收益，经学校理事会同意，报审批机关核准。

第八十条　学校名称、层次、类别的变更，由学校理事会报审批机关批准。

第八十一条　学校涉及登记事项变更的，到原登记机关办理变更登记。

第八十二条　学校终止事由：

（一）因自然灾害、战争等人力不可抗拒的事件发生，学校遭受严重损失，无法继续坚持办学以及因其他重大原因，无法开展正常教育教学活动，经理事会一致同意而自行终止的；

（二）被吊销办学许可证的；

（三）因资不抵债无法继续办学的。

第八十三条　学校终止时，应当提前6个月发布拟终止公告后，依法进行财产清算。学校自己要求终止的由学校组织清算；被审批机关依法撤销的由审批机关组织清算；因资不抵债无法继续办学而被终止的，由人民法院组织清算。学校终止时财产按照下列顺序清偿：

（一）应退受教育者学费、杂费和其他费用；

（二）应发教职工的工资及应缴纳的社会保险费用；

（三）偿还其他债务。

学校清偿上述债务后的剩余财产，按照有关法律、行政法规的规定处理。

第八十四条　学校终止后，办学许可证和印章由审批机关收回销毁，并注销登记。

第八十五条　学校终止时，应当妥善安置在校学生。

第十三章　附则

第八十六条　本章程经审批机关批准学校设立时生效。

第八十七条　本章程的修订由理事长提出动议，经理事会三分之二以上成员赞成通过，提交学校教职工代表大会讨论，由校长办公会审议，经学校党委会讨论审定后，依法报省级教育行政部门核准。

第八十八条　本章程自生效之日起即成为规范学校办学行为的具有约束力的文件，学校任何部门、个人不得违背。

第八十九条　本章程解释权归属黄河交通学院理事会。

黄河交通学院理事会章程

（2016）

第一章 总则

第一条 根据《中华人民共和国教育法》《中华人民共和国高等教育法》《中华人民共和国民办教育促进法》和《中华人民共和国民办教育促进法实施条例》等有关法律法规及《黄河交通学院章程》，制定本章程。

第二条 理事会是学校的最高决策机构，对涉及学校办学方向、发展规划、人才培养、队伍建设等重大问题进行研究、决策。依法对学校的运转情况及管理层的执行力和工作绩效进行评鉴与监督。

第三条 理事会的宗旨是全面贯彻党的教育方针，遵守国家法律、法规及规章，积极探索并实践新的办学模式、办学体制和运行机制，拓宽办学渠道，积极促进学校与社会各界的联系与合作、筹措教育发展资金，吸引社会各方面力量关心、支持学校建设，增强学校办学能力和活力，完善现代大学制度，推进依法治校，努力将学院建设成为省内外有影响、有特色、多学科协调发展的应用技术型大学。

第二章 组织机构

第四条 理事会的构成。理事会由理事长、副理事长、理事若干人组成。共设理事 5~7 名，其中理事长 1 名，副理事长 1 名。理事会可聘请国内知名企业家与专家、学者担任名誉理事或顾问。

第五条 理事会成员的产生。理事长由学校举办者担任，理事会成员包括校长、教职工代表等人员，其中三分之一以上的理事应具有五年以上教育教学经验。

第六条 理事会成员实行任期制，每届任期为四年，可连选连任。理事会成员报教育主管部门备案。

第七条 理事会实行理事长负责制，理事会休会期间，由理事长及其委托副理事长主持工作。

第八条 理事会根据工作需要设理事会办公室、专家咨询委员会、督察与评价委员会等机构。

第三章 理事的任免

第九条 理事会理事由理事长提名，理事会会议表决通过后由理事长任命。

第十条 理事会理事出现以下情况时，免除其任职资格。

（一）严重违反国家法律法规、学校章程、制度或本章程的。

（二）无正当理由，拒不执行理事会决议、决定的。
（三）因身体原因、工作变动，不能正常履行职责的。
（四）因渎职、失职导致学校重大经济损失或严重影响学校声誉的。
（五）个人工作作风、生活作风出现问题以及违反廉洁自律、不能以身作则的。
（六）个人要求退出的。
（七）因其他原因，不宜再担任理事的。

第十一条 理事会成员因上述原因不再担任理事的，理事会应在两个月内召开会议，按照本章程规定的程序增补相应的理事会成员。

第十二条 理事会应在理事会成员任期届满前两个月召开会议，决定下届理事会成员组成。

第四章　权利和义务

第十三条 理事会的主要职权：
（一）聘任和解聘学校中层正职以上干部和关键岗位人员。
（二）修改学校和理事会章程，审定学校重要的规章制度。
（三）听取校长关于学校工作的报告，对学校的发展战略规划、重点工作计划及重大改革举措进行审议与核准。
（四）筹集办学经费，审核与批准年度预算、决算。
（五）审核与批准学校内部机构设置、岗位编制、薪酬体系和标准。
（六）审批学校基础建设、项目招标、大宗物品、设备采购计划。
（七）决定学校的分立、合并、终止。
（八）对理事会决议的执行情况、落实效果进行评鉴与监督，并将评鉴情况作为绩效考核及人事任免的依据。
（九）对学校的管理工作进行评估，对校长及中层以上管理人员的执行力及工作绩效进行评鉴。
（十）决定其他重大事项。

第十四条 理事长的权利：
（一）主持理事会会议。
（二）检查理事会决议实施情况。
（三）根据理事会决议批准学校对外一切重大协议。
（四）提请理事会决定聘任或解聘校长、副校长、校长助理。
（五）提请理事会决定有关学校生存发展的重大事项。
（六）法律、法规规定的以及理事会授予的其他职权。

第十五条 理事的权利：
（一）享有选举权、被选举权和表决权。
（二）对学校、理事会章程的修改，学校发展规划，重大决策等提出意见、建议的权利，对理事会的工作有质询和监督权。
（三）参加理事会各项活动的权利。

（四）主动要求退出理事会的权利。

（五）享受理事会规定的其他权利。

第十六条 理事的义务：

（一）遵守国家法律法规，遵守学校章程、本章程和学校的各项规章制度。

（二）执行理事会的决议。

（三）履行工作职责，向理事会报告工作。

（四）维护理事会良好形象，保守理事会秘密，维护理事会合法权益。

（五）完成理事会交办的其他工作。

第五章　议事规则

第十七条 理事会会议原则上每年召开两次，经理事长或三分之一以上理事提议，可召开理事会临时会议。理事会会议由理事长负责召集，理事长因故缺席时，由理事长委托副理事长召集。

第十八条 理事会实行民主集中制的原则。出席理事会的人数须达到全体理事的三分之二以上方能召开会议，理事会决议须经全体理事半数以上通过方为有效。

第十九条 理事会讨论下列重大事项，应当经三分之二以上组成人员同意方可通过：

（一）聘任、解聘校长。

（二）修改学校章程。

（三）制定战略发展规划。

（四）审核预算、决算。

（五）决定学校的分立、合并、终止。

（六）学校章程规定的其他重大事项。

第二十条 理事会会议可邀请非理事人员列席，列席人员无表决权。

第二十一条 召开理事会会议须提前10天发通知，通知内容包括会议召开的时间、地点、议题、议案等相关事项。

第二十二条 理事会形成决议后，由理事会办公室负责协调、督察和落实，并将执行情况向理事会汇报。

第二十三条 理事会会议闭会期间，由常务理事会会议行使理事会职权，常务理事会会议每两个月召开一次，听取校长及理事会内设机构的工作汇报，并就汇报内容、有关政策的落实、重大项目实施等事项做出决定。常务理事会会议由理事长召集，理事长因故缺席时，由理事长委托副理事长召集。

第六章　附则

第二十四条 本章程经理事会全体会议审议通过后生效，学校文件与本章程不一致的，以本章程为准。原理事会章程同时废止。

第二十五条 本章程解释权归黄河交通学院理事会。

黄河交通学院工作规程（试行）

（2019）

第一章 总则

第一条 为进一步理顺学校的管理体制和运行机制，提高决策水平和工作效率，加快学校转型发展，根据《中华人民共和国民办教育促进法》《中华人民共和国高等教育法》《中国共产党普通高等学校基层组织工作条例》《黄河交通学院章程》和《黄河交通学院理事会章程》等有关规定，制定本规程。

第二条 学校工作的指导思想是：以习近平新时代中国特色社会主义思想为指导，认真学习贯彻党的十九大和全国教育大会重要讲话精神，坚持党的教育方针和社会主义办学方向，以立德树人为根本任务，以培养人才为中心，服务地方经济社会发展，努力将学院建设为国内知名、省内一流的应用型本科高校。

第三条 学校领导的组成：

党委书记，校长；副书记，副校长；纪委书记；工会主席；校长助理。

第二章 职责分工

第四条 学校实行理事会领导下的校长负责制。学校理事会是学校的最高决策机构，学校理事会支持校长主持学校全面工作，党委发挥政治核心作用和监督职能。

第五条 学校党委的主要职责：

（一）宣传和执行党的路线、方针、政策和上级组织的指示、决议、决定，保障社会主义办学方向。

（二）负责学校党的思想、组织、作风和制度建设，落实党建工作责任制，组织开展学习型党组织建设，发挥学校基层党组织的战斗堡垒作用和党员的先锋模范作用。

（三）领导学校党的纪律检查工作，落实全面从严治党主体责任；监督党员干部、教职工严格遵守党规党纪和国家法律法规。

（四）负责学校的精神文明建设、思想政治工作和德育工作。负责教职工的思想、作风建设。

（五）参与制定学校发展规划、基本制度，参与讨论决定学校改革、建设、稳定和涉及师生员工切身利益的重大问题。

（六）负责学校文化建设和统一战线以及退休老干部、老职工工作。

（七）领导学校工会、共青团、社科联、学生会以及各类学生社团等群众组织和教职工代表大会。

第六条 学校党委实行集体领导和个人分工负责相结合的制度。凡属重大问题和重要事项都要按照集体领导、民主集中、个别酝酿、会议决定的原则，由党委集体讨论做出决定。党委书记主持党委全面工作，在坚持党委集体领导中负主要责任，副书记根据集体的决定和分工，切实履行自己的职责。

第七条 党委支持校长行使职权，保障学校依法办学和安全稳定。

第八条 校长行使下列职权：

（一）负责拟订学校发展规划和基本制度，制定具体规章制度和年度工作计划并组织实施。

（二）组织教学活动、思想品德与素质教育，对学生进行学籍管理并实施奖励或处分。

（三）负责科学研究、社会服务和学科专业建设。

（四）拟订内部机构设置方案，按有关规定和程序推荐中层正职以上干部人选。

（五）负责拟订教师队伍建设方案、人才引进和培养方案以及新员工的聘任方案、薪酬与奖惩方案。

（六）负责管理学校资产、保护学校的合法权益。

（七）负责组织开展对外交往与合作办学。

（八）拟订和执行年度经费预算方案。

（九）法律、法规规定或理事会授权的其他职权和职责。

第九条 副校长、校长助理协助校长工作，并对分管工作负责。

第十条 学校领导班子成员要自觉加强理论修养、党性修养、品德修养，坚持民主集中制原则，重视沟通交流，切实维护班子团结。在工作中，党委书记、校长要听取党政副职的意见；党政副职要支持党委书记、校长的工作，并自觉接受检查和监督。

第十一条 教职工代表大会（以下简称"教代会"）是广大教职工行使民主权利，实行民主管理、民主监督的重要形式，也是学校领导广泛听取教职工意见，促进决策科学化、民主化的重要渠道。

第十二条 教代会应按照党的路线、方针、政策和国家的法律、法规，在学校的领导下行使以下职权：

（一）听取和审议校长工作报告，讨论学校发展规划、重大改革方案等重大问题，并提出意见和建议。

（二）讨论通过有关教职工切身利益的重大问题，并监督执行。

第十三条 教代会的组织原则是民主集中制。校工会委员会承担教代会的日常工作，充分发挥教代会代表的作用。

第十四条 校学术委员会是学校最高学术审议、评定与咨询机构。其工作范围如下：

（一）讨论并审议学校发展规划及师资队伍、学科建设规划。

（二）讨论并审议学校专业设置和人才培养方案、教育教学评估方案和重点实验室建设方案。

（三）审议校级重点学科，推荐国家、省（部）级重点学科。

（四）审议推荐政府特殊津贴、特聘教授、教学名师人选。

（五）审议评定教学、科学研究计划及其研究成果，仲裁相关学术事项，接受学术道德投诉和调查。

（六）审议推荐初、中、高级职称的评聘人选。

第十五条 校学术委员会在主任领导下自主开展工作，学校在做出有关学术方面的决策时，要尊重校学术委员会的意见。

第十六条 校学术委员会下设办公室，具体负责校学术委员会日常工作。

第十七条 校学位评定委员会是学校最高学位评定机构。其工作范围如下：

（一）审查决定授予学士学位的人员名单，做出撤销学位的决定。

（二）审定专业导师和学位论文（设计）指导教师名单。

（三）审核学士学位授权点和硕士学位建设点规划，负责申报工作。

（四）审核确定校级优秀学士论文（设计）。

（五）研究和处理授予学位的争议和其他事项。

第十八条 校学位评定委员会在主任领导下自主开展工作，学校在做出有关学位方面的决策时，要尊重校学位评定委员会的意见。

第十九条 校学位评定委员会下设办公室，具体负责校学位评定委员会日常工作。

第三章　会议制度

第二十条 根据有关规定，学校会议类别有党的委员会全体会议（以下简称"党委会议"）、校长办公会议和党政联席会议三种。

第二十一条 党委会议在学校党员代表大会闭会期间领导学校党委工作。党委会议由校党委委员参加，根据工作需要定期或不定期召开，如遇重大问题可以随时召开。党委会议由党委书记召集并主持，或由书记委托副书记召集并主持。

第二十二条 党委会议的主要任务是：

（一）学习贯彻落实党和国家的路线方针政策，传达贯彻上级有关会议、文件、指示精神，研究提出落实措施。

（二）研究决定学校党的建设、思想政治工作、德育教育和精神文明与文化建设、安全稳定、统一战线工作中的重大问题。

（三）研究决定工会、共青团、社科联、学生会工作和教代会以及关系师生员工切身利益的重大问题。

（四）需要党委会议讨论决定的其他重大问题和重要事项。

（五）沟通交流党务、行政工作。

第二十三条 校长办公会议是研究和处理教育教学、科学研究和其他行政管理工作等有关问题，决定有关事项，组织实施理事会有关决议的会议。校长办公会议由校长、副校长、校长助理参加，由校长召集并主持，或由校长委托副校长召集并主持。

会议的主要任务：

（一）学习党和政府关于高等教育的方针、政策、法律以及会议、文件、指示精神，研究贯彻落实措施。

（二）研究落实理事会会议决议、决定的措施和工作部署。

（三）研究拟订学校发展规划、基本制度、人才培养方案，制定行政管理规章制度、教育教学评估方案和年度行政工作计划。

（四）研究拟订重点学科建设和教学、科研、管理的重要改革方案及重要对外合作交流协议。

（五）研究审定德育与素质教育的实施意见和思想政治理论课教学改革方案，审定对学生的奖励、处分。

（六）研究审定专业设置、年度招生计划与学科平台、实验室、教学质量工程建设中的重要问题。

（七）研究拟订年度招聘原则、招聘计划以及高学历和高职称人员的引进政策和方案。

（八）研究拟订人事分配制度改革方案、教职工聘任与考核奖惩、工资晋级、薪酬与业绩津贴、重要表彰以及医疗、住房、福利等关系教职工切身利益问题的方案；审定职称评聘工作方案。

（九）研究拟订年度经费预（决）算。

（十）研究决定校园安全以及信访、廉政、审计、校务公开中的重要问题；研究部署教（工）代会、团（学）代会有关行政工作提案的办理工作。

（十一）研究日常行政工作需要共同商定或须提交理事会会议研究决定的问题。

（十二）其他应由校长办公会讨论决定的事项。

（十三）校长办公会拟订的涉及人、财、物、安全等重要内容需报理事会审核确定后执行。

第二十四条 党政联席会议由学校领导参加，根据会议议题需要由党委书记或校长召集并主持，根据工作需要适时召开。会议的主要任务是：

（一）传达上级重要会议精神，听取重点工作进展和教学、学生、科研等重要工作汇报。

（二）研究拟订内部机构设置方案；审定科级机构设置和教学、科研学术性机构设置，研究确定中层副职及科级负责人任免。

（三）讨论研究需要行政和党委协调解决的重要问题。

（四）研究处理党政日常工作中不宜由领导成员个人决定的问题，讨论拟订需党政共同向上级报送的重要请示、报告。

（五）对党政工作或专项工作讨论酝酿提出倾向性意见，经由相关会议研究决定。

（六）沟通交流对学校整体工作或某一重点工作的意见。

第二十五条 党委会议、校长办公会议、党政联席会议议题，应由相关部门在调查研究、充分论证准备的基础上形成意见或方案，经党委书记、校长和领导班子相关成员沟通酝酿，无原则分歧后提交会议研究。会议议题形成后，由有关职能部门报经分管校领导签署意见，党办、校办分别汇总、整理，经会议主持人审定后于会议前一天印发与会人员。

第二十六条 上述会议必须有半数以上应出席会议成员出席方可举行，以应到会成员超过半数同意形成决定。按照会议议程，实行候会制度。

第二十七条 会议必须按确定的议题进行，主持人负责掌握会议进度，高质量地完成会议的任务。重大问题原则上不临时动议。与会人员要做到不迟到、不早退，开会期间不安排其他活动。会前要认真对会议议题进行思考，做好发言的有关准备。发言要紧紧围绕会议主题，既各抒己见、畅所欲言，又简明扼要。

第二十八条 会议通过的决议或决定,领导班子成员要坚决贯彻执行,按照各自分工切实履行职责、传达落实。对决策进行重大调整或变更,应由做出该决策的会议决定。党办、校办一般应在两天内形成会议纪要,按规定送达有关领导、职能部门,并及时督办、收集和反馈会议决议落实情况。

第二十九条 全校中层领导干部会议和全校性会议根据工作需要召开,由党办或校办负责安排。需全校各部门、各单位党政正职参加的会议,原则上不批准缺席。学校领导根据各自的分工和实际工作需要,可召开专题会议,听取汇报,征求意见,协调关系,检查工作,研究处理有关问题。

第三十条 职能部门召开业务性会议,由职能部门负责安排,并需先报分管领导批准。会议的有关材料由职能部门负责准备,会议形成的决议也由职能部门督办,并及时反馈落实情况。

第三十一条 二级学院和系部工作实行院长（主任）负责制,重要问题决策实行党政联席会议制度。党政联席会议是二级学院对重要问题进行讨论、决策的最高形式。行政职能处（室）与教辅部门实行行政一把手负责制,重要问题决策实行处（室、中心、馆）务会议制度。

第三十二条 要坚持"少开会、开短会"的原则,校办、党办要做好各种会议的协调工作,内容相近、与会人员相同的会议可合并召开。

第三十三条 严格会议保密制度。会议需要保密的事项,任何人不得擅自外传。

第四章 公文报送和审批

第三十四条 学校党政公文报送及审批要坚持"精简数量、提高质量、及时准确、安全可靠"的原则。

第三十五条 凡是上级组织发来的公文,由校办统一签收、登记、呈批、催办;其他部门收到的上级重要公文,应送交校办统一登记、呈批,不得自行处理。机要文件、领导批示件应由机要保密人员或专门人员呈送阅办人。凡是上级党政公文,必须送党委书记或校长阅批。应属校领导周知的,则呈送所有校领导传阅。党政公文涉及紧急事项的,呈送有关领导阅示的同时,送具体承办部门阅办。

第三十六条 职能部门和二级学院、直属机构报送学校党委或行政的公文,分别送党办、校办统一按规定程序办理,学校领导原则上不直接受理公文。

第三十七条 学校领导审批签发文件的权限:以学校党政名义制发的文件分别由党委书记或校长审批签发,或由党委书记、校长联合签发。以学校党政办名义制发的文件分别由分管副书记或分管副校长审批签发,或联合签发。

第三十八条 党政领导审批、签发公文,必须明确签署自己的意见、姓名和时间,一般应批示承办部门或人员,必要时还需明确承办时限。对紧急和涉及多个部门的事项,应批注"急办"和牵头单位,或以会议形式安排部署,防止因公文批转延误工作。

第三十九条 学校党委、行政公文的起草、审核分别由党办、校办负责,联合行文时,由校办负责。凡需送党政领导签发的文件,应按文书处理的分工程序逐级做好政策、文字、文种和会签手续的审核工作。已经有关校领导审批的文稿,在印发时应认真校核。经校核如需作涉及内容的实质性修改，须报请原审批校领导复审。

第四十条 党办、校办可以在职权范围内对外行文，工会、共青团、社科联可以向本组织的上级机关行文，其他部门和单位不可对外行文。若因工作需要对外行文，须送党办、校办办理。

第四十一条 公文结办部门为学校二级机构。公文结办为文件指定任务完成情况。公文办理完毕后，党办、校办应及时将公文清退或立案归档。

第五章 联系基层制度

第四十二条 坚持校级领导干部联系基层制度。校领导除分管的部门外，还要联系二级学院和系部，每学期分别到所分管的部门、联系的学院了解工作情况，听取对学校工作的意见、建议并帮助解决困难和问题。

第四十三条 坚持校级领导干部与教师、学生座谈和接待日、党务公开、校务公开、校长信箱制度，畅通对话、交流渠道，及时解决师生反映突出的问题，促进和谐校园建设。

第四十四条 校内基层部门请示工作或教职工反映问题，应区别情况，分别由有关职能部门或分管领导负责接待。如必须直接向党委书记或校长汇报的，应先与党办、校办联系，由党办、校办视具体情况予以安排。

第六章 内务和外事活动

第四十五条 学校领导在从事内务和外事工作中，必须严格遵守党和国家的各项规定，带头遵纪守法，依法办事，树立学校领导干部的良好形象。

第四十六条 接待国家部委、省市上级机关以及兄弟院校和相关单位的领导，由校办统一安排接待。

第四十七条 学校各部门、二级学院邀请著名学者来校访问或作学术报告、参加学术活动，一般按"谁邀请谁负责接待"的原则，必要时要报请校办协调有关校领导参加。邀请省市党政领导出席会议或活动，应报经学校批准，以学校的名义邀请。

第四十八条 学校领导因公出访，按下列规定办理：党委书记、校长出访，需报请理事长或副理事长批准，并由理事会办公室备案；副校长、校长助理出访，需经校长同意，由校办备案；党委副书记、纪委书记、工会主席出访，需经党委书记同意，由党办备案，兼任行政职务的还需经校长同意，由校办备案。

第四十九条 学校领导会见来访的外宾及港、澳、台地区人员，由有关部门协调提出方案，报分管校领导批准，对重要来宾应报校长批准。接待事务由校办或承办单位负责。

第五十条 学校领导的日常公务活动由党办、校办统一协调安排。

第七章 重大事项请示报告制度

第五十一条 校党委、行政对依照规定需要请示、报告的重要工作和事项，超越学校职责范围以及重大敏感性事件等，都应及时向理事会沟通后，向省委、省政府以及省委高校工委、省教育厅请示、报告。

第五十二条 向上级组织和领导机关请示、报告，涉及学校全局性的工作，事前需经书记或党委会、校长或校长办公会议讨论决定，按照分工由有关校领导或职能部门实施。特殊情况由校长、党委书记根据上级要求，向理事会沟通后，向上级请示、报告；其他校领导向上级请示、报告自己分管的工作须经党委书记、校长同意并授权。

第五十三条 学校实行校内重要事项请示、报告制度，凡超出分管领导职责范围的事项，或虽然是职责范围内但属重要事项且未经相关会议讨论决定的，副职应向正职请示、报告。

第五十四条 学校各职能部门、二级学院、直属机构应建立重大突发事件（事故）和重要工作请示、报告制度。报告经由校办、党办分别呈有关校领导批复或安排时间听取汇报。涉及多个部门或单位之间的事项，由党办、校办会同办理。

第八章 请销假制度

第五十五条 党委书记、校长因事外出（即离开焦作，以下同）或因病请假，需报请理事长或副理事长批准，并由理事会办公室备案；其他领导班子成员因事外出或因病请假，须报经校长、党委书记同意，并通知党办、校办。

第五十六条 学校机关各部门党政正职因公或因事外出，应向分管校领导请销假；二级学院党政正职（包括主持工作的副职）因公或因事外出，应经联系学院的校领导同意后，向党委书记或校长请销假。

第五十七条 请销假权限和程序按学校考勤管理规定执行。

第九章 附则

第五十八条 本规程自公布之日起试行。

黄河交通学院理事会工作规程（试行）

（2016）

第一章 总则

第一条 法律依据

为明确学校理事会工作程序，提高决策和管理水平，根据《中华人民共和国民办教育促进法》《黄河交通学院章程》《黄河交通学院理事会章程》以及国家其他相关法律法规制定本规程。

第二条 理事长负责制

理事会实行理事长负责制，理事会休会期间，由理事长及其委托副理事长主持工作。

第二章 机构设置及职责

第三条 理事会机构设置

根据工作需要，理事会下设办公室（秘书处、财务与资产管理中心、人力资源培训与指导中心、新闻策划与外联中心）、专家咨询委员会和督察与评价委员会等机构。

第四条 理事会职权

1. 聘任和解聘学校中层正职以上干部和关键岗位人员。
2. 修改学校和理事会章程，审定学校重要的规章制度。
3. 听取校长关于学校工作的报告，对学校的发展战略规划、重点工作计划及重大改革举措进行审议与核准。
4. 筹集办学经费，审核与批准年度预算、决算。
5. 审核与批准学校机构设置、岗位编制、薪酬体系和标准。
6. 审批学校基础建设、项目招标、大宗物品、设备采购等事项计划。
7. 决定学校的分立、合并、终止。
8. 对理事会决议的执行情况、落实效果进行评鉴与监督，并将评鉴情况作为绩效考核及人事任免的依据。
9. 对学校的管理工作进行评估，对校长及中层以上管理人员的执行力及工作绩效进行评鉴。
10. 决定其他重大事项。

第五条 理事长职权

1. 主持理事会会议。
2. 检查理事会决议实施情况。
3. 根据理事会决议批准学校对外一切重大协议。

4. 提请理事会决定聘任或解聘校长、副校长、校长助理；

5. 提请理事会决定关于学校生存发展的重大事项；

6. 法律、法规规定的相关职权，以及理事会授予的其他职权。

第六条 理事的职权

1. 享有选举权、被选举权和表决权。

2. 对学校、理事会章程的修改、学校发展规划、重大决策等提出意见、建议的权利，对理事会的工作有质询和监督权。

3. 参加理事会各项活动的权利。

4. 退出理事会的权利。

5. 享受理事会规定的其他权利。

第七条 理事会办公室主要职责

综合处理理事会日常事务，负责理事会文秘、会务工作，理事会重要工作部署贯彻落实的督促检查，理事会决议、理事长批示的转达和催办落实；负责起草和修改有关重要报告和文件；掌握高教发展动态；负责新闻策划与外联工作；负责理事会文电、机要、督察、档案、保密工作；负责审查和督察学校预算、决算、人事编制、资产管理、基建投资、物品采购、设备、物资等工作；协助理事长做好对外合作事宜和理事会内设机构的协调等工作。具体机构设置和工作职责如下：

（一）秘书处

1. 负责编制理事会、秘书处年度工作实施方案和具体行动计划，并负责督促、落实。

2. 负责理事会事务综合协调工作，负责学校工作动态数据统计与分析工作，每月组织编写《工作简报》；及时了解高等教育发展的状况，定期编制《高等教育发展动态》，为理事会决策提供参考。

3. 撰写理事会工作总结，起草讲话稿、工作报告等。

4. 负责起草理事会重大改革方案，修订和完善理事会制度。

5. 处理理事会日常事务，筹备理事会会议、理事会常务会议和理事会、党政联席会议等，收集并拟定会议议题、议案，做好会务通知、会务组织和记录等。

6. 理事会形成决议后，编发会议纪要，负责协调、督察和落实，并将决议的执行情况向理事会汇报。

7. 保持学校与理事会成员的密切联系。

8. 负责理事会公文的收发、运转工作，负责公文督办和核稿，使用与管理印章、印鉴等。

9. 负责保密工作，确保理事会机要文件的安全。

10. 完成理事长交办的其他工作。

（二）财务与资产管理中心

1. 负责编制财务与资产管理中心工作实施方案和具体行动计划，并负责落实。

2. 负责学校预算、决算的初审，经理事会核准后，督察执行情况。

3. 督察学校基础建设、物资采购、项目招标的进展情况。

4. 督察学校设备等资产的分类管理情况。

5. 督察学校学费、杂费收入及其他收入的资金使用情况。

6. 完成理事长交办的其他工作。

（三）人力资源培训与指导中心

1. 负责编制人力资源培训与指导中心工作实施方案和具体行动计划，并负责督促、落实。

2. 负责学生就业、职业培训项目和职业技能鉴定项目的审批、指导和专项项目的组织与实施工作。

3. 负责督察、评价学校人才队伍建设情况（包括重点专业人才引进、校内人才培养与人才储备等），制订人才队伍建设指导性意见，督促建设关键人才队伍动态信息库。

4. 负责学校人事编制预算的初审，经理事会核准后督察执行情况。

5. 负责督察学校人事分配制度改革的运转情况。

6. 负责评估与审议学校机构设置的合理性与可行性。

7. 负责评估与审议年度工作目标责任书岗位标准的合理性、可行性及执行效果。

8. 物色学校发展需要的高端人才。

9. 承担理事会交办的重要培训任务。

10. 完成理事长交办的其他工作。

（四）新闻策划与外联中心

1. 负责对外宣传策划指导工作，研究制订学校品牌战略规划方案和具体工作计划，并负责督促、落实。

2. 负责品牌塑造、推广与维护工作，精心策划并组织校外媒体宣传学校办学特色、重点工作及重大办学成果。

3. 指导媒体舆情的搜集、汇总、分析及上报工作。

4. 负责网络宣传指导工作。以加强网络舆情监测、研判与引导，督促建好官方主页和官方微博、官方微信等新媒体平台，扩大学校影响力。

5. 负责制订实施学校文化建设规划方案，协调组织开展学校文化建设理论研究。

6. 负责统筹协调学校对外联络工作，制订年度外联工作实施方案和工作计划。

7. 负责做好学校各部门外联单位的统计、分类分析，并做好督查指导工作，确保外联工作成效。

8. 完成理事长交办的其他工作。

第八条 专家咨询委员会的主要职责

1. 负责编制专家咨询委员会工作实施方案和具体行动计划，并负责督促、落实。

2. 负责对学校发展战略、发展规划纲要（包括校园基本建设、学科和专业建设、师资队伍和管理人才队伍建设、校园文化建设规划等）进行顶层设计。

3. 负责对学校教育教学和管理重大改革项目、重大工程建设项目、重要开放办学项目进行可行性研究和评价，或经过调研提出新的建设和改革项目的建议。

4. 负责对学校应用技术型大学建设、学校体制机制创新、教育改革（包括人才培养模式改革、人才培养方案改革、课程改革、课程质量标准、教学实践改革、教育教学评价改革等）、毕业生毕业规格（标准）和国际合作、国际交流等提供咨询。

5. 负责协助学校与各级政府、兄弟院校、知名企业、新闻媒体建立战略合作关系，开展对外交流与合作。

6. 负责协助学校整合教育资源，为学校迎接"双评估"提供工作指导和资源支持。

7. 负责对学校机构设置和人事分配制度改革及出台的管理制度和政策方案进行论证咨询。

8. 负责对学校发展规划和规章制度的执行情况进行调研与评鉴。

9. 负责对学校年度重点工作和行动计划提出咨询建议评议，并对完成情况进行评议。

10. 完成理事会委托的其他咨询研究与论证任务，以及理事长交办的其他工作。

第九条 督察与评价委员会的主要职责

1. 负责编制督察与评价委员会工作实施方案和具体行动计划，并负责督促、落实。

2. 负责对理事会确定的重要决议、重大改革项目、重要工作任务的落实和执行情况进行督察与评价。

3. 负责对学校工作要点及创新工作完成情况进行全程督察与评价。

4. 负责督促协调相关部门开展月度督察与评价工作。

5. 每月10日前收集相关部门的通报、简报，汇总后上报理事会。同时做好周报、日报信息统计汇总报送工作，并结合深入一线调研、检查或抽查的结果，进行督察与评价。

6. 依据通报情况，报经理事会批准，有针对性地进行调查调研，并撰写调查调研报告。

7. 接受教职工检举、控告和投诉，及时向理事会报告，并提出处理意见，督促有关部门进行处理。

8. 完成理事长交办的其他工作。

第三章 议事规则

第十条 理事会会议

理事会会议原则上每年召开两次，经理事长或三分之一以上理事提议，可召开理事会临时会议。理事会会议由理事长负责召集，理事长因故缺席时，由理事长委托副理事长召集。

第十一条 民主集中制

理事会实行民主集中制的原则。出席理事会的人数须达到全体理事的三分之二以上方能召开会议，理事会决议须经全体理事半数以上通过方为有效。

第十二条 重大事项议事规则

理事会讨论下列重大事项，应当经三分之二以上组成人员同意方可通过：

1. 聘任、解聘校长。
2. 修改学校章程。
3. 制订战略发展规划。
4. 审核预算、决算。
5. 决定学校的分立、合并、终止。
6. 学校章程规定的其他重大事项。

第十三条 会议列席规则

理事会会议可邀请非理事人员列席，列席人员无表决权。

第十四条 须提前 10 天通知

召开理事会会议须提前 10 天发通知，通知内容包括会议召开的时间、地点、议题、议案等相关事项。

第十五条 决议形成后

理事会形成决议后，由理事会办公室负责协调、督察和落实，并将执行情况向理事会汇报。

第十六条 闭会须知

理事会会议闭会期间，由常务理事会会议行使理事会职权，常务理事会会议每两个月召开一次，听取校长及理事会内设机构的工作汇报，并就汇报内容、有关政策的落实、重大项目实施等事项做出决定。常务理事会会议由理事长召集，理事长因故缺席时，由理事长委托副理事长召集。

第四章　公文票据报送和审批

第十七条 公文报送和审批

理事会公文报送和审批坚持及时、准确的原则。

第十八条 理事长阅批文件

应由理事长阅批的上级文件或学校党、政报理事会的文件及票据，由理事会办公室秘书处统一接收、登记、呈批和催办。

第十九条 理事会行文

凡以理事会名义行文的，由理事长签发，或委托副理事长签发。理事会内部机构不得对外行文。

第二十条 限期反馈制

理事会签批的文件或重要批示，实行限期反馈制度，由理事会办公室秘书处对批示落实情况及时向理事会汇报。

第二十一条 公文归档

公文办理结束，由理事会办公室秘书处负责归档，并按规定移交档案室。

第五章　内务和外事活动

第二十二条 理事会领导活动

理事会领导参加校内或各级（类）外事活动，由理事会办公室统一协调安排。

第二十三条 重要活动

学校安排的重要活动或会见重要来宾，主办部门须提出方案并逐级上报理事会，经理事长批准，由理事会办公室统一安排。

第六章　重大事项请示报告制度

第二十四条 逐级请示、报告制

理事会实行逐级请示、报告制度。凡属重大或紧急事件可越级请示、报告。

第二十五条 理事长审批制

需要理事会审核确定向上级汇报的材料，应经党政联席会形成决议，报理事长审批后，方可上报。

第二十六条 重大或突发事件报告制

学校党政或理事会内部机构建立重大（要）或突发事件报告制度，由理事会办公室秘书处呈理事长批复或安排时间听取汇报。

第七章　请假制度

第二十七条 全员坐班制

理事会成员、工作人员实行坐班制度（外聘兼职人员除外），外出参加公务活动、学习、考察或请（病）事假，须经理事会领导同意，理事会办公室备案。

第八章　印章管理

第二十八条 印章

理事会印章用于理事会行文。

第二十九条 专人负责制

为方便工作和提高办事效率，理事会授权秘书处按有关规定刻制"黄河交通学院理事会"印章一枚。理事会办公室秘书处指定专人负责印章的保管和使用。

第三十条 文档备份制

凡需加盖理事会印章的文件由理事长或授权副理事长签发，所签发同式文件复本一份存档备查。

第三十一条 印章禁用制

印章管理人员不得在空白介绍信、空白信笺、空白纸等无具体内容的凭证或纸张上加盖印章。

第九章　附则

第三十二条 本规程自发布之日起实施，由理事会负责解释。

黄河交通学院部门职责

党政办公室职责

党政办公室是学校党委、行政的日常办事和综合协调机构，主要职责是：

一、贯彻党的路线、方针、政策，落实学校办学理念和学校理事会、党委以及各行政部门的决议、决定，综合协调全校各部门各单位的工作，服务发展、服务决策、服务落实，做好党委和行政领导的参谋助手。

二、负责协调与组织安排校党委会、党政联席会、校长办公会等全校性会议，办理会议通知、记录、服务等会务工作，组织草拟或准备有关会议文件，编发会议纪要；负责学校会议室管理工作。

三、负责起草学校党委、行政工作计划、工作总结、年度述职述廉述学报告和校党代会、教代会工作报告；负责起草校党委、行政向上级的请示、报告和对全校的重要行文；负责职能部门起草的以校党委、行政名义发出的重要文函的审核。

四、负责学校党委、行政决策部署、会议纪要、重点工作、重要事项的督查督办。

五、负责基层工作请示、报告等的接收、登记、呈批等工作；协助校领导处理基层单位的请示、报告等事项，督查校领导指示、批示的落实情况；协调有关单位和部门，处理学校的突发事件和重大事件。

六、负责围绕学校中心工作和领导交办事项开展调查研究，撰写调查报告，为学校改革发展和领导决策提供服务。

七、负责学校对外联络和接待工作，协调安排校领导的校务活动和联系基层工作。

八、负责学校公文及机要文件的运转、印刷与管理，负责学校保密委员会的日常性工作。

九、负责校党委、行政及领导印章和介绍信、法人证书的管理和使用；负责校内单位公章的审核、刻制和启用等工作。

十、负责学校大事记载，编印《黄河交通学院年鉴》《黄河交通学院志》；负责学校档案管理和校史馆建设、管理工作。

十一、负责学校的信访接待和校长信箱管理工作。

十二、负责学校工作信息的编发、上报工作。

十三、协助学校电子校务系统建设和维护工作。

十四、会同有关部门，分配、调整办公用房。

十五、负责学校年检、高等教育基层统计报表和信息公开工作，牵头校务公开委员会和师生服务中心的日常性工作。

十六、负责学校公务用车管理工作。

十七、负责学校无形资产管理工作。

十八、完成学校交办的其他工作。

党委组织部职责

党委组织部是学校党委的职能部门，依据党的路线、方针和政策，贯彻落实上级关于党的组织建设工作，为学校的发展提供组织保证。其主要工作职责是：

一、认真贯彻执行党的基本路线和组织路线。按照上级党组织有关组织工作的指示精神和学校党委的决议要求，结合学校实际，制订开展组织工作的计划，提出具体措施、实施办法等，经学校党委批准后，贯彻执行。

二、落实"不忘初心、牢记使命"主题教育。"不忘初心、牢记使命"主题教育没有停顿，没有休止符，永远在路上。要按照"顶层对标、底部抬高、一线规则、落实为要"的总思路，严格狠抓各项工作落实，巩固深化主题教育成果。

三、组织好专题民主生活会，检查督促基层党组织贯彻执行民主集中制情况。加强对学校各基层党组织民主生活会的指导工作，组织开好校级领导民主生活会。

四、加强校内基层党组织建设。按学校党委统一部署，做好校内各级党组织的设置和换届改选；深入实施"对标争先"建设计划、教师党支部"双带头人"培育工程、"两化一创"强基引领行动，推进党支部标准化、规范化建设，推动基层党组织全面进步；坚持和完善组织工作的各项规章制度；督促和指导校内各级党组织积极开展党建工作，充分发挥好校内基层党组织的政治核心、战斗堡垒作用；努力探索新时期基层党组织建设的新途径和新方法。

五、加强党员队伍建设、教育工作。协助学校、配合有关部门开展党内教育、党风党纪教育工作，组织开展党建活动，加强党建工作的研究，全面加强党员队伍教育管理，努力提高广大党员的思想政治素养。组织开展民主评议党员、评优表彰、党建纪念活动。推进党建理论研究工作。

六、做好学校党校日常工作。制订学校党校教学计划，加强对入党积极分子的培养，做好发展党员工作；利用党校开展对教职工和学生党支部书记培训工作。

七、做好党委组织部的日常工作。负责全校党组织内党员有关数据的统计年报和上报，负责全校党费的收缴、管理和使用；党刊杂志的征订和分发；有关干部、党建信息和有关材料的收集归档，党员组织关系的转接。

八、完成学校交办的其他工作。

党委宣传部职责

党委宣传部是负责学校党的宣传思想、精神文明与校园文化建设工作的职能部门，主要工作职责是：

一、贯彻执行党的宣传工作的路线、方针、政策，按照上级党组织有关宣传和高校思想政治工作的指示精神以及学校党委的决议、决定，结合学校实际，制定学校宣传工作的规章制度和工作计划并组织实施。

二、负责宣传党的路线、方针、政策和学校党委的决议、决定，在全体师生中开展共产主义理想、社会主义信念、新时代中国特色社会主义思想、社会主义核心价值观和形势政策等方面的教育工作。

三、负责拟定全校宣传思想工作、校党委中心组和教职工理论学习计划并组织实施，组织开展基层党委（党总支）中心组和教职工理论学习考核，协助开展创先争优活动。

四、负责校精神文明建设指导委员会的日常管理工作，组织协调学校精神文明建设工作，开展群众精神文明创建活动。

五、负责学校对内对外宣传工作，组织、协调、指导新闻中心做好学校重大活动、重点工作、亮点特色、优秀人物和先进事迹工作等的宣传报道，讲好学校故事，传播学校声音，扩大学校影响；负责重要宣传文稿、图片、影视资料的归档移交工作。

六、负责学校校报、校园新闻网、微博、微信、广播、宣传栏、电子显示屏等宣传舆论阵地的建设与管理；负责对内对外宣传报道和外来采访的保密审查工作；负责校内宣传标语、展板、广告的审批工作。

七、负责统筹协调学校文化建设工作，加强对学校校园文化特色的提炼、推广，打造具有学校特色的大学文化，厚植立德树人的文化氛围。

八、负责组织开展学校思想政治工作理论与对策研究和应用研究，不断改进学校思想政治教育工作。

九、负责组织协调学校法制宣传和反邪教宣传教育工作。

十、会同有关单位，全面负责学校网络信息的引导工作、学校舆情监控与管理工作。

十一、负责校内论坛、报告、讲座、校内宣传品、内部刊物等的监管审批等工作。

十二、负责调查分析教职工的思想动态，有针对性地提出宣传和思想教育的意见和措施，向校党委和上级主管部门汇报。

十三、会同有关部门组织安排学校重大活动，指导学校重大活动及重大节日期间校园环境的布置。

十四、完成学校交办的其他工作。

党委统战部职责

党委统战部是负责学校统一战线工作的职能部门，主要工作职责是：

一、贯彻执行党的统战政策和学校党委有关统战工作的决定、决议，落实有关知识分子、民主党派、民族宗教和侨务的工作政策，经常对统战政策贯彻落实情况进行调查研究、检查督促，并定期向校党委汇报。

二、协助有关部门做好统一战线理论、方针、政策的学习、宣传工作，及时传达贯彻有关统战工作的文件和会议精神。

三、负责民主党派事务工作，支持各民主党派和有关人民团体依法独立自主地开展工作；协助校党委召开民主党派成员参加的座谈会、情况通报会，听取他们对学校工作中重大问题的意见和建议；协助各民主党派做好组织发展及思想政治工作。

四、负责无党派人士事务工作，支持、培养无党派人士中的代表人物提高参政议政、民主监督的能力。

五、负责民族宗教事务工作，宣传贯彻落实党的民族政策，维护少数民族师生的合法权益。

六、负责台港澳及海外侨胞事务工作，宣传贯彻落实党的侨务政策，维护归侨侨眷的合法权益；协同有关部门做好"三胞"及眷属、归国留学人员等海外统战工作。

七、配合有关部门做好非党知识分子中代表人物的培养、举荐以及工作安排等事务，负责学校人大代表、政协委员和党外人士的联络、协调与服务工作。

八、组织开展统战理论研究，不断提升统战工作水平。

九、完成学校交办的其他工作。

党委学生工作部职责

党委学生工作部是负责学校本（专）科学生思想政治工作的职能部门，主要工作职责是：

一、负责全校学生的思想政治教育工作。开展调查研究，分析学生的思想动态，制订学生思想政治教育工作计划，并督促实施。

二、负责全校学生的心理健康教育和日常行为养成教育工作，开展入学教育、校规校纪教育、文明行为教育、劳动教育等日常教育活动。

三、负责制订学校学风建设和学生素质教育计划，并组织实施。协助职能部门抓好校风、学风和考风建设；负责制定学生综合素质测评和各类评优、奖惩工作制度并督促实施。

四、负责学生工作队伍建设，编制学生工作队伍建设规划，制定学生工作队伍的管理、培训、考核办法，指导辅导员、班主任有效地开展学生工作。

五、负责协调相关部门做好学生入学教育、劳动教育、军训、实习、就业以及毕业离校中的思想教育和引导工作。

六、负责开展勤工助学工作，负责学生奖学金、贷学金、助学金、补学金、减（免）学金的管理。

七、负责制定学生安全稳定管理办法以及学生突发事件的防范和处置预案。

八、组织学生工作联席会议研究学生工作，检查、协调并考核各二级学院的学生工作。

九、负责学生党员的发展、教育以及管理工作。

十、负责学生处、团委各类学生活动的总体协调，统筹安排工作。

十一、负责学生社团的审批、管理工作。指导学生社团积极开展活动。

十二、指导学生会有效发挥桥梁和纽带作用，带动全校学生积极投入学校的各项活动。

十三、完成学校交办的其他工作。

保卫处（武装部）职责

保卫处（武装部）是负责学校校园秩序、安全和国防教育、兵役登记、防空防灾等工作的职能部门，主要工作职责是：

一、贯彻执行党的教育方针、国家法律法规，落实学校办学理念和学校理事会、党委以及各行政部门的决议、决定及学校发展规划与工作计划，拟定学校安全保卫工作规章制度、工作计划和国防教育计划并组织实施。

二、负责学校的安全保卫工作，保证学校政治稳定和治安安全。

三、负责校园治安工作，加强学校门卫管理和校园巡逻，查处违反校园治安秩序的行为，及时处置治安突发事件；协助主管部门维护好重点部位和公共场所的安全秩序。

四、负责全校消防工作，落实二级单位消防安全责任，组织开展消防演练、义务消防队伍培训和消防隐患排查，督促相关单位做好消防隐患整改。

五、负责学校治安综合治理工作，指导、督促各单位、部门落实安全责任制和各项防范措施，预防各类刑事、治安案件及各种灾害事故的发生；配合公安部门做好校园周边治安综合治理工作。

六、负责开展安全宣传教育工作，增强师生安全意识，提高防范能力；协助开展法制宣传教育活动和安全保密工作。

七、负责学校大型集会（活动）、上级领导、重要外宾来访以及重大节假日、敏感期的安全保卫工作。

八、负责校内教职员工、学生集体户口的办理工作，负责师生员工出境的政审工作。

九、负责学校军事理论教学和大学生军训工作，负责在校大学生的入伍宣传、动员和征集工作；负责退伍军人管理服务工作。

十、负责学校人防工程的管理、使用和维护，开展防空防灾教育，制定预案并组织实施。

十一、协助国家安全与公安机关制止校内危害国家安全和社会安全的行为，侦破校园内的治安案件、危害国家安全的各种刑事案件；配合有关单位协查案件。

十二、完成学校交办的其他工作。

纪检与监察办公室职责

纪检监察办公室是学校纪委的日常办事机构，工作职责是：

一、贯彻党和国家的纪检监察工作方针、政策和学校党委、纪委的决议、决定，起草校纪委工作计划、总结、请示、报告等文件和党风廉政建设、监察工作的规章制度并检查落实情况。

二、负责对学校各级党组织及党员干部遵守和执行党规党纪，贯彻执行党的路线、方针、政策以及学校党委重大决定事项等进行监督检查。

三、负责对学校党员干部和党员开展纪律教育、警示教育，对监察对象开展遵纪守法、履职尽责、勤政廉政教育，推进大学生廉洁教育；协助做好校园廉政文化建设。

四、负责开展正风肃纪廉洁监督，协助党委开展党风廉政建设、风险排查和反腐败工作，对落实党风廉政责任制的情况进行监督检查。

五、负责对学校监察对象履行职责、秉公用权、廉洁自律、道德操守情况以及对学校行政决议、制度执行情况进行监督检查。

六、负责对学校人事聘任、职称评审、工程建设、学术道德等重点领域、关键环节存在的廉政风险进行监督检查。

七、负责纪检监察各类会议的筹备和会务工作，做好纪检监察网站的建设维护和纪委文件、案件材料的办理、归档，定期发布信息简报。

八、负责调查违纪违规问题线索，查处违纪案件，开展执纪问责和调查处置，推进以案促改；对有关党组织和监察对象提出纪律检查建议和监察建议。

九、负责检查纪检监察制度执行情况，开展效能监督和专项督查，参与对中层干部的考核、选拔和评议工作。

十、负责受理纪检监察信访举报事项，受理党员和教职工的控告、检举、申诉和投诉，保障党员和教职工的合法权益。

十一、负责组织开展纪检监察队伍培训，监督指导基层党组织履行党风廉政建设主体责任，指导基层党组织纪检委员开展监督工作。

十二、完成学校交办的其他工作。

工会办公室职责

工会办公室是学校工会委员会的日常办事机构，工作职责是：

一、贯彻党的路线、方针、政策和学校党委的决议、决定，起草校工会规章制度和工作计划、总结、请示、报告等文件并检查落实情况。

二、负责教代会和工代会的筹备、会务与会议决议以及会议提案的督办落实等工作。

三、组织教职工依法参加学校的民主管理和民主监督，定期召开教职工座谈会，组织教代会代表围绕学校中心工作和教职工关心的热点、难点问题进行研讨。

四、加强教职工思想教育，积极开展教师教学技能大赛，配合有关部门开展"三全育人"活动。

五、了解掌握各分工会、工会各部（委）的工作情况，组织开展各种文体活动和迎春晚会，做好"教工之家"的建设和管理工作。

六、负责教职工福利发放落实工作，做好重大节日的教职工慰问品申请、采购、发放工作，做好教职工婚丧嫁娶慰问金和生日福利发放工作。

七、负责教职工日常特殊困难补助发放及年度困难帮扶工作；定期组织教职工体检。

八、做好工会的印章管理工作和各类文件、资料的收集、整理、报送、建档和保管工作，负责工会网站的日常维护及信息管理工作。

九、负责工会的来信来访和接待工作，对教职工反映的情况进行定期汇总，与相关单位协商解决涉及教职工切身利益的问题。

十、负责工会会员会籍、档案管理工作，做好会员的接收及退会工作；做好各类先进教职工的选拔、评比和表彰工作；协助各二级分工会做好组织建设。

十一、根据有关法律法规和财务制度，负责收取、管理、使用工会经费，管理、维护好工会财产。

十二、完成学校交办的其他工作。

共青团委职责

共青团委是校党委和上级团组织领导下的先进青年的群众组织，主要职责是：

一、贯彻执行党的路线方针政策、学校党委和上级团组织的决议，制定学校共青团的工作规划、年度计划和规章制度并组织实施。

二、负责团的组织建设，制定共青团组织的生活制度并组织实施；负责团员发展、教育、管理和团内表彰奖励、违纪团员教育处分等工作；负责团费收缴、管理和使用等工作。

三、协助校党委做好校共青团委换届工作和团代会召开的组织工作；负责分团委班子建设和团干部的选拔、培养、管理、使用；积极开展团建研究，推进团务工作创新。

四、负责全校共青团员青年的思想政治工作，引导团员青年坚定共产主义理想和社会主义信念，培养良好的道德素养和爱国爱校情怀，巩固和扩大党执政的青年群众基础。

五、负责共青团员青年思想状况调查，了解共青团员青年的学习、工作和生活，倾听和反映团员青年诉求，维护其合法权益。

六、负责开展大学生社会实践活动和校园文化活动，组织开展各类学生科技创新、社会实践、志愿服务和校园文体活动，提升学生综合素质。

七、负责青年教职工入党的工作，配合开展青年教职工的思想政治教育、文化学习和文体活动。

八、会同有关部门做好大学生素质教育。

九、配合学校党委抓好学生党建工作，做好优秀团员入党的推荐工作。

十、做好对校学生会、学生社团的指导、监督、帮助和管理工作。

十一、完成学校交办的其他工作。

教务处职责

教务处是负责学校教育教学管理工作的职能部门，主要职责是：

一、贯彻执行党的教育方针和国家、省有关高等教育发展的法规、政策，落实学校办学理念和学校理事会、党委以及各行政部门的决议、决定及学校发展规划与工作计划，拟定学校教育教学规章制度并监督执行。

二、负责学校专业建设、课程建设，拟定专业建设规划、人才培养方案、课程教学大纲与课程体系改革方案以及教学、专业、课程评估体系并组织实施；负责新增专业的论证、申报。

三、负责编制校历、教学执行计划、课程总表；负责日常教学运行的检查、督导；指导学院开展专业课程理论和实践教学环节的检查与督导。

四、负责教学研究与改革工作，组织教学研究与改革项目的申报、结项验收；组织本科教学质量工程的申报、建设，协调各类教学研究活动。

五、负责教学团队建设、基层教学组织建设；负责教风建设与教师教学能力培养，配合教师发展中心做好师资队伍建设规划工作；负责教师教学业绩考核工作；负责教师工作量的审核与汇总。

六、负责拟定实验室建设规划，并组织实验室立项、建设及验收；负责审核各教学单位教学实验设备购置计划；负责拟定实验室评估体系并组织实施；协助做好教学信息化建设、智慧化教室建设及网络教学平台维护与管理。

七、负责实践教学环节的管理，指导学院开展校内外专业实习基地建设。

八、负责考试管理，组织安排全校考试；负责全国大学英语四、六级考试，计算机等级考试的组织工作；负责学校人才培养评价和学生成绩登记、统计工作。

九、负责各类教学大赛的组织与管理；负责各类学科竞赛的组织与管理。

十、负责编制教材建设规划，组织开展体现学校学科特色的教材编写、出版工作；审核公共基础课程教材的选用；组织全校教材征订、供应工作；指导学院教材建设工作；负责做好教材招标采购工作。

十一、负责学生毕业资格、学位资格审查和学位证书的发放工作；负责学生转专业工作，协助处理转学、休学、留级、退学等工作。

十二、负责教室管理、学校教学档案管理及教务处网站管理。

十三、负责本科教学状态数据库填报。

十四、完成学校交办的其他工作。

科研处职责

科研处是负责学校科研管理及科研平台建设与管理的职能部门，其主要职责是：

一、贯彻执行党的教育方针和上级有关科技工作的法规、政策，落实学校办学理念和学校理事会、党委以及各行政部门的决议、决定及学校发展规划与工作计划，组织开展全校的科研工作。

二、负责落实学校"科技强校"战略，制定和完善学校有关科研管理工作的规章制度，制定、检查落实学校科学研究的发展规划和年度计划，组织全校科研工作的考核、评比及奖惩。

三、负责各级各类科研项目的申报、立项（遴选）、过程管理、鉴定（验收）、科技奖励申报、成果转化、知识产权保护与管理工作；指导、协助科研经费使用与管理工作。

四、负责组织各级各类科研平台、科技创新团队申报、建设、考核和验收工作；负责学校各级各类研发平台、学术研究机构的统筹、协调、指导、管理工作。

五、协同校地合作办公室，负责学校与政府、企业、高等学校、科研院所的科研合作，指导学院、科研机构与相关单位建立产学研基地和研发中心，开展产学研合作和项目开发。

六、指导各学院及科研机构进行科学研究；负责学校科研成果（专利、论文、著作、研究报告等）的审查、鉴定、登记、评审、申报、成果转让与推广应用等工作。

七、负责学校学科建设工作，负责省级、校级重点学科的建设管理，协调、指导各二级学院做好学科建设工作。

八、负责学校学报工作，组织制定、检查落实学报编辑的总体规划工作计划和规章制度；负责学报编辑、出版和发行工作；加强与省内外兄弟院校学报的联系合作，不断提升学报的学术品位和影响力。

九、组织开展学术交流，负责学术会议、学术讲座等学术活动的组织和协调管理工作。

十、负责各类科技信息的统计、分析、报送工作和科研管理的信息化建设工作；做好科研成果的整理、归档，负责全校教师职称评审科研成果的量化考核工作，配合人事处做好职称评定工作。

十一、负责学校学术委员会办公室日常工作。

十二、完成学校交办的其他工作。

人事处职责

人事处是负责学校人事、劳资、职称、师资队伍及机构编制管理的职能部门，主要职责是：

一、贯彻国家、省有关人力资源管理的法规、政策，落实学校办学理念和学校理事会、党委以及各行政部门的决议、决定，结合学校实际，积极探索民办高校人事制度改革，不断建立和完善校内人事聘任、岗位管理、职称评聘、绩效考评、工资、津贴分配和劳动保障等制度，并组织实施。

二、负责学校机构设置、人员编制管理和岗位设置工作；负责教职工队伍建设规划和人才引进政策的制定；根据学校招生规模和事业发展需要，与用人部门沟通协调，提出年度人才引进计划报学校审批。

三、负责教职员工招聘，依照学校年度进人计划，组织开展各类教职员工的招聘工作，含背景调查及专业技术职务证书、学历证书的认定等工作。

四、负责教职工聘任、调配、奖惩、任免、考勤、考核、入职、转正和离职等管理工作。

五、负责高层次人才的选拔培养等工作，协调教师发展中心做好教职工培训、进修管理等工作。

六、负责教师及其他专业技术人员的职称申报、评聘以及教师资格认定工作。

七、负责学校教职工的工资、福利及各种社会统筹、保险办理的管理工作。

八、负责人事档案管理并不断完善、扩充、建立学校人才储备库。

九、负责人事信息资料的收集、整理、汇总、上报统计工作。

十、完成学校交办的其他工作。

教师发展中心职责

教师发展中心是学校负责教师培养与职业发展的直属机构，工作职责是：

一、贯彻党和国家的教育方针和有关教师发展的政策，落实学校办学理念和学校理事会、党委以及各行政部门决议、决定及学校发展规划与工作计划，制定教师发展规划、工作计划和规章制度等，并组织实施。

二、负责制定教师培训学习规划和年度计划，跟踪调研国内外知名高校教师教学能力培训的经验，结合学校实际开展教师教学发展需求调研，探索开展教师能力培训的途径和方法。

三、负责制订中青年教师教学能力培养培训计划，资助青年教师开展教学设计专题研究；协助有关部门组织教学名师论坛、教学方法与技巧研讨会（工作坊）等教学能力培训和教学研讨活动，搭建青年教师与专家沟通交流平台；负责组织开展新进教师岗前培训，促进青年教师快速成长。

四、协助教学部门组织开展有助于提升教师教学能力的各类教学竞赛，办好"青年教师教学基本功比赛"活动；宣传学校优秀教师先进事迹，展示优秀教案、课件，推广优秀教学成果、教改经验、科研方法，为教师提高业务水平和教学、科研能力提供借鉴。

五、聘请国内外专家、学者为教师提供教学理念和技能、研究能力和方法、学术道德和师德等方面的培训。

六、开展课堂视频录像、课堂观摩、微格教学、教学评估、教学研讨及教学咨询等活动，为教师教学改革和能力发展提供服务。

七、组织学院（部、系）、教师进行国内外交流与培训，帮助教师规划职业生涯，促进教师卓越发展。

八、组织专家为教师提供心理咨询和疏导服务，面向学校全体教师提供教学咨询服务，满足学校人才培养和教师个性化专业发展的需要。

九、负责做好教师网络培训工作，维护好校级在线学习中心。

十、做好中心网站和教学资源共享平台的建设、维护与更新工作以及多功能教学研讨室的日常使用和管理等；收集和反馈教师对中心活动的建议、评价等信息，不断改进中心工作。

十一、完成学校交办的其他工作。

学生工作处职责

学生工作处是负责学校学生思想政治工作和学生日常教育、管理的职能部门，主要职责是：

一、贯彻执行党的教育方针和国家、省有关学生教育管理的政策法规，落实学校办学理念和学校理事会、党委以及各行政部门的决议、决定，拟定学校学生思想政治工作和教育管理的规章制度、工作计划并组织实施。

二、负责学生日常管理，开展评优奖先、违纪处理等工作；负责学生学籍档案管理；负责全校本、专科生毕业证、学位证和学生证、校徽的发放管理工作。

三、会同有关部门开展学生思想政治教育工作，指导、协调各学院开展思想教育活动；负责制订学生理论学习、主题教育、形势政策报告计划并监督执行。

四、负责全校家庭经济困难学生的资助、帮扶和教育工作；负责学生奖学金、助学金、困难补助、生活补贴、勤工助学等经费的审核工作。

五、负责辅导员、学生工作队伍建设及管理工作。

六、负责学生安全稳定工作，协助开展学生党建和精神文明创建活动，协助校团委指导学生会、学生社团工作。

七、负责大学生心理健康教育与咨询工作。

八、会同有关部门，负责大学生素质教育工作。

九、会同有关部门，开展学风考风建设、校园文化建设和学生社会实践活动。

十、协助有关部门，做好招生工作和新生军训工作。

十一、完成学校交办的其他工作。

财务处职责

财务处是负责学校财务管理与会计核算的职能部门，主要职责是：

一、贯彻执行《中华人民共和国会计法》《高等学校财务制度》等财经法规，落实学校办学理念和学校理事会、党委以及各行政部门的决议、决定及学校发展规划与工作计划，建立健全学校各项财务规章制度并监督执行。

二、负责组织编制全校年度预算，按期编报各项财务收支计划，进行财务预测及年度决算，并对预算执行过程进行控制和管理。加强对全校经济活动的分析，负责编制各种财务报表，为学校的建设发展提供决策依据；接受国家审计及各有关部门的检查和监督。

三、依法多渠道筹集办学经费，科学配置学校资源，努力促进开源节流、增收节支，提高资金使用效益。

四、负责学校收费项目、收费标准的拟定、审核、报批工作，负责对各项资金收支、银行账户和票据进行统一管理，对学校经济活动的合法性、合理性进行监督。

五、在理事会的领导下对校内各个部门的货币管理实行监督；按照有关政策及管理办法，协助学校做好奖助学金、勤工助学金等政策性补贴的审核和发放工作。

六、负责学校各类人员工资、福利、津贴等费用的审核和发放工作。

七、负责各项经费使用的审核、报销工作，并对财务、会计资料进行立卷和归档，保证会计信息的真实、准确与完整。

八、参与学校基建、设备、图书、大型维修、绿化等项目的招标采购和有关经济决策及合同、协议的论证工作。

九、配合有关部门，加强对学校资产的管理，及时收缴学校一切外包企业全部应缴费用并对其负责；对利用校内资产进行创收的项目，按照学校有关规定，按时催缴相关费用；按规定开展资产清查，防止学校资产流失。

十、努力适应现代化财务管理要求，积极推进会计电算化和财务管理信息化建设。

十一、按照税法规定和公积金、社会保障政策的要求，做好应税项目的申报和核算工作，及时足额上缴税款和各类费用；按时做好内部及外部的审计工作。

十二、加强财务公开，每年向教职工代表大会报告学校财务工作和年度预算、决算情况。

十三、负责财务管理制度的宣传，督促财务管理制度的落实；对财务人员进行业务考核和培训，提高财务人员的专业知识水平和业务水平。

十四、完成学校交办的其他工作。

发展改革与规划处职责

发展改革与规划处是学校负责高等教育政策研究、学校发展规划制定与组织实施的职能机构，主要职责是：

一、贯彻党和国家有关高等教育发展的方针、政策、规划，落实学校办学理念和学校发展的决策，组织制定和实施学校中长期发展规划和阶段性规划。

二、负责组织开展国家、省有关高等教育发展政策、发展战略、现代大学制度改革与发展动态的研究，着重开展民办高等教育发展政策、发展路径、发展方式的研究，为学校确定发展战略提供咨询服务。

三、围绕学校中心工作，有针对性地开展专项调研，及时反映有关情况和问题，提出具有建设性、可操作性的研究报告、方案设计、政策建议和咨询报告。

四、组织指导有关部门和二级学院拟订学校专项规划和二级学院发展规划，负责检查、督促、协调、评估学校专项规划和二级学院规划的实施。

五、负责学校章程的制定落实和修订工作。

六、负责编制学校年度事业发展报告。

七、负责收集、整理、分析国内外高等教育特别是民办高等教育发展的重要信息和最新动态，编印《高教改革信息》，为学校改革开放、事业发展提供决策资讯。

八、完成学校交办的其他工作。

法律与制度办公室职责

法律与制度办公室是学校负责法律服务的职能部门，工作职责是：

一、负责党和国家的教育方针、法律法规和政策在学校的贯彻落实，收集、整理、分析与学校办学相关的法律法规、方针政策、规章制度和其他相关的规范性文件，为学校依法办学提供依据。

二、负责推进和深化学校依法治校工作，会同有关部门开展法治宣传教育，为学校重大决策等提供法律咨询服务。

三、参与学校重要规范性文件的制定工作，规划、推进学校管理制度体系建设；组织校内各职能部门有序开展规章制度的制定、修改及废止工作；负责全校规章制度的汇编并定期清理；负责监督学校规章制度的执行。

四、负责学校内部管理体制改革方案及管理规章制度建设的合法合规性审查等工作。

五、审查学校对外签订的重要协议、合同等法律文件，保护学校合法利益，预防法律纠纷的产生。

六、协调法律顾问或律师事务所对学校的重大决策及有关法律事务予以审核并提供法律意见，处理学校涉法涉诉案件，协助有关部门做好学校信访工作。

七、协调法律顾问或律师事务所为校内各单位和师生提供法律咨询服务。

八、完成学校交办的其他工作。

招生就业办公室职责

招生就业办公室是学校负责招生与就业工作的职能部门，工作职责是：

一、贯彻执行教育部和各省有关招生就业的方针政策和规章制度，落实学校办学理念和理事会、党委以及各行政部门的决议、决定及学校发展规划与工作计划，制定学校招生就业工作的规章制度并组织实施。

二、根据上级主管部门的有关规定核准学校本专科年度招生规模，编制并报送学校分省分专业招生计划；拓宽招生范围，及时与各省教育厅、省招办联系，落实、核准外省招生计划。

三、负责学校招生章程的制定、备案、网上发布工作。

四、负责招生宣传并做好生源组织工作，做好考生、考生家长来访、来电、来信等咨询事宜的接待和回复。

五、负责新生录取、录取通知书发放、报到及处理招生录取中遗留问题等工作。

六、负责招生后各种数据的统计分析总结和相关材料的归档工作。

七、负责就业创业政策宣传，收集并发布用人单位需求信息，组织举办校园双选会，指导各学院举办专场招聘会，协助做好毕业生应征入伍工作。

八、负责开展就业创业指导、咨询、培训及拓宽就业渠道，培养学生职业生涯规划意识，提升学生就业创业能力。

九、负责《毕业生就业协议书》发放收集，报到证、报到证补办等工作。

十、负责毕业生初次就业率、年终就业率统计及教育部、厅就业数据库上报管理工作。

十一、负责用人单位回访服务及毕业生质量跟踪调查工作，并按照教育部要求，编制上报毕业生就业质量年度报告。

十二、完成学校交办的其他工作。

教学质量监测与评价中心职责

教学质量监测与评价中心是学校负责教学质量监测与评价的直属机构，工作职责是：

一、贯彻党和国家的教育方针和法律法规，落实学校办学理念和学校理事会、党委以及各行政部门的决议、决定，负责制定学校教学质量监测与评估规章制度、质量评价标准与评估办法及年度工作计划并组织实施。

二、建立、完善校院两级教学质量保障体系，组织开展院（部）教学工作、专业建设、课程建设、主要教学环节、实践教学等专项评估，反馈评估信息，发布评估结果；指导各二级学院制定教学质量保障体系相关文件，构建教学质量保障体系。

三、组建校内教学质量监测和教学评估专家队伍，组织开展课堂教学质量评价，督促各级领导干部、专家教授、督导员等完成听评课任务。

四、负责对教学运行管理进行常态监测，督促本科教学基本状态数据库采集；组织开展期初、期中、期末及日常教学检查，建立体现师德师风、教学能力和育人水平的教学评价，开展教风、学风督查，并发布检查通报；组织开展试卷评阅、毕业论文（设计）抽查、教案课件评阅等专项检查，并反馈问题意见，发布检查通报。

五、负责组织开展学生评教、教师评学、学生评管工作，组织同行评价，发布评价报告；组建学生信息员工作队伍，按计划开展工作，反馈教学信息，形成反馈报告。

六、负责安排布置教学督导工作，定期组织召开教学督导会议和师生座谈会，积极开展建言献策活动，听取师生的建议和意见。

七、深入调查研究，指导院（部）做好教学质量监测、教学评估和教学督导工作，协助做好教师教学考核工作，复核教师教学质量评价意见。

八、负责校内师生评价组织工作，定期开展学校教育教学工作满意度调查，进行数据分析，撰写并发布调查报告。

九、编纂《教学督导工作简报》，定期发布教学质量监测和教学督导信息，协助撰写学校年度本科教学质量报告。

十、完成学校交办的其他工作。

评建办公室职责

评建办公室是学校负责本科教学工作合格评估的直属机构，工作职责是：

一、根据《普通高等学校本科教学工作合格评估实施办法》《普通高等学校本科教学工作合格评估指标体系》的要求，负责制定和实施学校综合评建工作总体方案和具体工作计划,并组织实施。

二、负责分解评建指标体系,明确指标内涵,公布评建任务与支撑材料规范标准,明确各单位工作任务。

三、负责学校评建工作的动员、宣传、组织、协调、督促工作;编发迎评简报,建立评建工作日志。

四、负责组织学校评建任务的实施、检查、整改,督促、检查学校各单位评建工作进度,协调解决评建过程中存在的主要问题。

五、负责学校评建材料的收集、整理、分析、归档、上架、查阅服务工作;负责学校评建工作培训及阶段性考核验收。

六、负责组织撰写学校评建工作报告并按时上报评估专家组。

七、负责组织开展学校高等教育质量监测国家数据平台采集系统填报工作,完成对数据的收集、汇总、分析和上报工作。

八、负责组织年度本科教学质量报告的撰写、上报和发布工作。

九、完成学校交办的其他工作。

后勤资产处职责

后勤与资产处是学校负责后勤服务与资产管理的职能部门,工作职责是:

一、贯彻执行国家、省关于高校后勤服务和资产管理的法规、政策,落实学校办学理念和学校理事会、党委以及各行政部门的决议、决定及学校发展规划与工作计划,拟定学校后勤服务保障与资产管理的规章制度并组织实施。

二、负责拟定和实施后勤工作发展规划、年度计划,不断提升后勤保障服务工作水平;及时掌握全校后勤工作动态,提出改进意见,保障教学、科研工作的顺利进行和广大师生正常学习生活。

三、负责后勤服务质量监督评价体系的建立、实施与改进,拟定服务质量标准,建立后勤服务效率和质量评价制度,组织服务质量检查,开展师生员工对后勤服务效能评议与满意度调查,指导其他服务机构提高服务水平和质量。

四、负责后勤与资产处员工的思想政治工作,抓好政治理论学习、专业技能培训,不断提高后勤员工队伍素质,做好服务育人工作。

五、负责拟定、实施学校房产管理制度;负责学校各类办公用房调配、房屋使用效率监测与有偿使用工作;负责拟定教师公寓分配管理制度,做好教师公寓的日常管理工作。

六、负责学校餐饮管理和食品卫生工作,不断提高饮食质量,确保食品安全,严防食物中毒事故发生。

七、负责校园绿化工作,编制实施校园绿化规划、年度计划,做好苗木招标、栽植养护以及建成区的树木、花草、水系日常管护工作。

八、负责学校爱国卫生运动委员会的日常工作,做好校园环境卫生、垃圾清运、室内保洁等工作,开展爱国卫生工作专项检查,为师生创造优美洁净的教学生活环境。

九、负责学生公寓用品、办公用品、维修材料等物资的采购和供应,完善相关手续,严格物资管理。

十、负责编制后勤工作年度预算，办理结算付费和收费审核；负责学校各类服务设施维修经费预算、任务下达和工程验收；负责做好用水、用电和燃气保障以及安全工作，按时缴纳各项费用。

十一、负责学校绿色校园创建和节约型校园建设工作，践行绿色发展理念，做好节水节电节粮节能工作。

十二、负责协调处理与后勤工作相关的对外联系。

十三、负责有关后勤方面各类文件、资料的收发、整理、建档、立卷及归档工作。

十四、完成学校交办的其他工作。

基建处职责

基建处是学校负责基本建设工作的职能部门，主要职责是：

一、贯彻执行国家、省有关基本建设的方针政策和法律法规，落实学校办学理念和学校理事会、党委以及各行政部门的决议、决定和学校发展规划，拟定校园建设总体规划、年度基本建设计划和基建工作规章制度并组织实施。

二、根据学校基建计划，就拟建工程的用途、使用要求、平面布局等征求有关部门的意见，编写设计任务书，组织设计方案的研究、论证。

三、做好地质勘察和设计管理工作，参与设计合同的签订，并为设计单位提供详细、准确的各种技术资料和数据。

四、配合做好工程招标管理工作，负责编写招标文件等有关技术资料；确定施工单位后，负责组织工程施工合同的审查、会签，并与中标单位签订施工合同。

五、负责施工现场的"三通一平"，做好施工前的准备工作，组织施工单位及时进场；负责审查施工单位的施工组织设计，研究施工方案和技术安全措施，提出合理化建议，并监督实施。

六、负责基建工程管理，组织有关技术人员和施工单位共同会审施工图，提出并汇集审图意见，组织设计交底；对施工技术、工期、质量、预决算、档案工作进行全面管理，保证工程进度与质量；办理设计变更，及时办理隐蔽工程验收、签证，记好工程日志。

七、负责审核施工单位上报的材料及设备计划，严把材料质量关。

八、负责组织施工调度会和各种专业会议，及时解决施工中出现的技术问题，协调对内对外关系，保证工程建设的顺利进行。

九、负责督促施工单位落实施工安全措施，不发生责任性重大安全事故，做到安全、文明施工；认真执行工程承发包合同，严格按图施工，保证工程决算尽可能不突破承包工程总造价。

十、工程竣工后，及时办理竣工决算，报校审计处审计；负责组织工程的初验和正式竣工验收，并办理有关手续。

十一、负责督促施工单位按规定的时间提交竣工图纸和技术资料（装订成册），及时送交档案部门；负责基建处技术资料的整理归档工作。

十二、负责竣工工程的回访和保修期内的维修工作。

十三、完成学校交办的其他工作。

国际交流处职责

国际交流处是学校负责外事工作的职能部门，工作职责是：

一、贯彻执行党和国家外事工作方针政策、法律法规，落实学校办学理念和学校理事会、党委以及各行政部门的决议、决定及学校发展规划与工作计划，制定学校国际交流与合作发展规划、年度计划及外事工作规章制度并组织实施。

二、负责协调全校外事活动，了解国外高等教育发展动态和合作高校基本情况，为学校开展国际合作交流提供咨询。

三、负责与国（境）外友好学校的交流联络和合作交流协议的落实；负责学校邀请的国（境）外友好学校访问团组、专家学者来访的报批与接待工作。

四、负责中外合作项目、留学生项目等国际教育项目的申请、报批、组织实施；牵头相关部门及院（系、部）开展中外合作办学项目的拓展、申报、管理和联系工作。

五、负责为院（系、部）的教学、科研和国际学术交流提供外事信息和联系服务，指导协调院（系、部）外事活动的接待工作。

六、负责教职工和学生因公出国（境）工作的咨询、审批、培训、服务与管理。

七、负责国际教育项目学生出国前语言培训、留学生语言培训等工作。

八、负责拓展来华留学生教育项目，组织来华留学全英文授课课程体系的建设；负责来华留学生（港澳台学生）的招生结业、思想教育、心理健康教育、签证、居留许可等学籍和日常事务管理。

九、负责外国专家的聘请、报批、外事和生活管理工作。

十、完成学校交办的其他工作。

校地合作办公室职责

校地合作办公室是学校负责社会服务与合作的职能机构，工作职责是：

一、贯彻党和国家的教育方针和有关推进高校服务经济社会发展的文件精神，根据学校总体发展目标、办学优势和区域经济社会发展的实际，拟定学校社会合作工作计划、合作方案和有关规章制度并组织实施。

二、负责学校社会服务与合作工作的宣传组织，积极向社会推荐推广学校办学特色与优势，引导学校各单位和广大教师树立"以服务求生存、以贡献求发展"的理念，主动走出校园、服务社会，不断提升学校服务社会的能力与水平。

三、负责全校社会合作信息、各类情报、文献资料等的收集、统计、汇编和交流，做好校企合作工作资料的收集、整理和归档工作。

四、负责建立社会合作管理平台，审核社会合作协议，督促社会合作项目落实。

五、负责指导、协调和考核各二级院系的社会合作，指导督促二级学院（系、部）做好社会服务工作，不断深化学校与政府、地方、企业、科研院所和个人的合作，努力为学校发展营造良好的社会环境。

六、围绕学校人才培养目标，引进社会优质资源，以适应地方需求为导向，研究并实施应用型人才的培养方案改革；充分利用学校的资源和优势，研究地方经济社会发展的基本情况，提出学校应用性科研规划，组织协调学校产学研项目的实施。

七、组织开展调研，了解区域经济社会发展和合作单位的人才需求信息，进一步健全、完善学校与行业、企业协同育人机制与模式，促进学校人才培养与地方、行业、企业发展的紧密对接与合作共赢，建立"合作育人、合作办学、共同发展"的校政、校地、校企合作模式。

八、完成学校交办的其他工作。

创新创业学院职责

创新创业学院是学校负责学生创新创业教育的直属机构，其工作职责是：

一、贯彻执行党和国家的教育方针和有关创新创业的政策、规定，落实学校办学理念和学校理事会、党委以及各行政部门的决议、决定和学校发展规划，统筹管理全校创新创业教育工作，拟定学校创新创业教育规章制度和工作计划、实施方案、考核办法等并组织实施。

二、负责健全学校创新创业教育课程体系，组建并管理校内外创新创业导师队伍，组织创新创业类课程的教学和指导咨询工作。

三、负责创新创业学院教研室的日常管理工作，具体组织创新创业科研课题申报、教材建设和研讨工作。

四、负责创新创业训练项目立项申报、管理、结题验收，创新创业能力培训、认证等工作。

五、负责指导校级大学生创新创业社团运作，组织大学生创新创业竞赛、论坛、讲座等相关活动。

六、负责创新创业园区的建设及日常管理工作。

七、负责拓展与政府、行业、企业、学校的合作项目，共建创新创业教育实训、孵化基地。

八、负责创新创业教育信息平台开发和宣传工作。

九、负责协助教务处对创新创业教育学分和教学工作量认定工作。

十、完成学校交办的其他工作。

学院（系、部）党总支职责

学院党委（党总支）是学院的政治核心，负责学院党的建设、思想政治工作、精神文明建设与安全稳定等工作，承担学院改革发展稳定责任，落实学院立德树人根本任务，其主要工作职责是：

一、宣传贯彻执行党的路线方针政策，落实学校的办学理念、发展规划、规章制度以及校党委的决议、决定，保证社会主义办学方向，与学院行政共同推动学院的改革发展。

二、负责学院领导班子思想政治建设，支持学院行政领导班子和负责人在其职责范围内独立负责地开展工作；协助上级做好学院领导干部推荐、考察及日常培养、教育、管理、考核工作，维护领导班子团结和谐；组织学院党委（党总支）中心组理论学习和领导班子民主生活会。

三、负责学院党的基层组织建设和党员发展、教育、管理、服务与监督，维护党员权利，发挥党员先锋模范作用；组织学院开展创先争优活动，审定支部计划，指导、监督与考核支部工作；负责学院党建经费和党费的管理使用。

四、负责学院干部队伍建设，主持拟订学院党务科（室）职责，提名党务科（室）负责人拟任人选；主持学院党员干部选任及其培养、教育、管理与考核奖惩工作；

五、负责拟订学院党委（党总支）年度工作计划、党务工作重要规章制度并组织实施；负责向上级报告基层党建工作情况；会同学院行政研究决定学院工作中的重要问题与重大事项。

六、领导学院宣传、思想政治和德育工作，精神文明和文化建设，安全稳定和保密工作，负责学院政治理论学习、作风检查与评议，师生员工出国、评先、晋升、报奖、就业等方面的政治审查工作。

七、领导学院学生工作，负责辅导员、班主任配备及履职考核奖惩，学生思想政治教育与思想政治鉴定；协同学院行政开展学生班风、学风、考风建设以及学生创先争优、心理健康教育、困难学生资助、创业就业指导、违纪处分等工作。

八、负责学院干部作风建设，完善制度，强化教育、监督和考核；落实中央八项规定精神和领导干部联系群众制度，以优良的党风带教风正学风促校风。

九、履行学院党风廉政建设主体责任，落实"一岗双责"，严格党性党风党纪教育和党风廉政建设责任制检查考核，并向上级提交年度工作报告；负责学院党务公开工作。

十、领导学院工会、共青团、学生会、研究生会等群众组织以及教职工代表大会，支持指导其按照各自章程独立自主开展工作；负责学院统一战线工作。

十一、完成学校交办的其他工作。

学院（系）工作职责

学院（系）是学校人才培养、科学研究、社会服务、文化传承创新的组织者和实施者，承担学院改革发展稳定责任，落实学院立德树人根本任务，其主要工作职责是：

一、贯彻党的教育方针和学校办学理念、发展规划、规章制度以及学校理事会、党委以及各行政部门的决议、决定，保证社会主义办学方向，坚持立德树人，培养德智体美劳全面发展的社会主义事业合格建设者和接班人。

二、负责拟订学院（系）改革与发展规划，学科与专业、师资与团队、科学研究、学位点申报与建设、实验中心（室）建设、社会合作等专项规划，年度工作计划及重要规章制度，并负责组织实施。

三、负责学院师资队伍和师德师风建设，拟订人才引进、人员聘任、考核奖惩、进修培训、职称评定、工资津贴分配工作方案，并负责组织实施；主持拟订学院（系）基层教学组织设置方案及职责，提名基层教学组织负责人拟任人选。

四、负责拟订学院（系）专业人才培养方案、专业课程教学大纲、教学规程、人才培养模式与课程体系改革方案，并负责组织实施；协助拟订公共基础课程教学大纲，完成承担的公共基础课教学任务。

五、负责审定学院（系）教学执行计划、任课教师安排；负责学院（系）教学质量检查、督导、评价及学生考试管理；负责学院（系）专业实验室（平台）、实习基地建设与学生实习管理。

六、负责学院（系）本科教学工程项目的建设与管理；组织学院（系）开展教学改革与研究、教学竞赛与示范教学活动；负责学院专业认证、评估，新上专业论证，专业、课程、教学团队、精品课程、教材以及数字化教学资源库建设。

七、负责学院（系）科研项目和课题的组织申报、在研管理、成果鉴定（结项）与奖励推荐；组织学院（系）教师开展科技攻关和社会服务。

八、负责学院（系）重点学科、重点实验室（中心）、科技创新团队、产学研基地的建设与管理；负责学院专业学会工作，开展各类学术交流活动；尊重并支持学院（系）学术委员会独立行使职权，提供必要的条件保障。

九、负责学院（系）对外合作办学及留学生培养工作。

十、负责拟订学院（系）年度经费预算、资产管理等工作方案，并负责组织实施；负责学院（系）教学、科研仪器设备购置的考察、论证工作。

十一、负责组织开展学院（系）学生思想品德教育和师德师风、教风学风、班风考风建设；负责学院（系）学生日常教育管理、心理健康教育、困难学生资助、创业就业指导、违纪处分等工作。

十二、协同学院（系）党总支做好精神文明和文化建设、安全稳定和保密工作；负责学院（系）廉政建设、院（系）务公开、校友联络、教代会提案落实和离退休工作；负责学院（系）信息统计、档案管理工作；受理归口本学院（系）的信访、投诉。

十三、完成学校交办的其他工作。

基础教学部职责

基础教学部是学校负责基础课教学任务的教学机构，其主要工作职责是：

一、贯彻党和国家教育方针、政策，落实学校办学理念和学校理事会、党委以及各行政部门的决议、决定和学校发展规划，承担学校基础课教学任务，不断提高基础教学质量，为实现学校人才培养目标服务。

二、负责各课程教学大纲和实验教学大纲的编写和执行管理。

三、根据教务处的总体安排，编制相关教学环节的教学实施计划，并抓好落实。

四、搞好课堂教学管理，有组织地开展教学方法研究、积极引进现代教学技术，扩大课堂教学的信息量，提高课堂教学效率。

五、负责落实课程负责人制度，发挥课程负责人在部门课程建设中的骨干作用；负责各课程的日常教学管理，保持日常教学秩序的稳定。

六、认真落实学校组织的各项教学检查、教学质量评价、教学竞赛等教学活动。

七、积极配合学校开展教学督导工作，根据教学督导提出的意见和建议，积极整改。

八、加强教研室建设，规范教研室活动，充分发挥教研室在教学管理中的职能作用；有计划、有组织、有目的地开展日常教学研究活动，积极组织集体备课、示范讲课、说课和听课，深化教育教学改革，开展应用型本科公共基础课教学改革的一系列探索与实践，不断提高教学质量。

九、负责教研、科研课题的组织、申报及批准立项后的教科研活动的开展工作。

十、负责部门教师队伍发展规划及教师队伍建设，形成以课程为基础的合理的教师梯队。

十一、积极开展教材建设，负责选择各课程的教材。

十二、积极开展试题（试卷）库建设。

十三、负责部门实验室的建设及管理工作。

十四、负责本部门教学、教师、教研、科研等相关档案的建立及管理工作。

十五、负责单位范围内的党风廉政工作、政治思想教育及安全稳定工作，做好教职工政治学习、业务进修等工作，提高教职工政治思想觉悟和业务素质。

十六、完善制度，加强管理，做好教职工考核工作，增强教职工责任心和凝聚力。

十七、完成学校交办的其他工作。

公共体育部职责

公共体育部是学校负责公共体育教学和群众性体育竞赛活动的教学机构，主要工作职责是：

一、贯彻党和国家教育方针、政策，落实学校办学理念和学校理事会、党委以及各行政部门的决议、决定和学校发展规划，按照《学校体育工作条例》《高等学校体育工作基本标准》《全国普通高等学校体育课程教学指导纲要》等文件的要求，制定学校体育工作的发展规划、工作计划，推动学校体育工作开展。

二、执行学校的各项与体育相关的规章制度、决议、决定，以学生健康教育为中心，组织开展全校公共体育教学工作，积极开展体育教学创新与改革，全面提高学生的身体素质、心理健康水平和社会适应能力，帮助学生树立终身体育观，为学校培养全面发展的高技术、应用型人才服务。

三、积极开展体育科学研究，为教师科研水平提升创造良好条件，不断提高教师科研能力，以科研带动教学发展。

四、组织、开展好学校综合性体育运动会，协助学校各行政部门、院部开展好各种类型的群众性体育竞赛活动，积极推进"阳光体育活动"在学校的开展；负责学校业余体育运动队训练工作，积极组队参加上级组织召开的大学生体育赛事，为校争光。

五、负责《国家学生体质健康标准》在学校的具体实施，组织、开展好学生体质健康测试工作，按上级要求按时完成测试数据的上报；针对学生测试数据反映出的问题，推进体育教育教学改革，不断提升学生体质健康水平。

六、负责学校体育场馆、设施、器材的管理，制定体育场馆、设施修建和维修方案；加强与省内、外高校的体育交流，适时申请、承办河南省大学生体育赛事，扩大学校影响力。

七、负责单位范围内的党风廉政工作、政治思想教育及安全稳定工作，做好教职工政治学习、业务进修等工作，提高教职工政治思想觉悟和业务素质。

八、完善制度，加强管理，做好教职工考核工作，增强教职工责任心和凝聚力。

九、完成学校交办的其他工作。

人文与艺术教育中心职责

人文与艺术教育中心是学校负责人文与艺术教育的直属机构，主要工作职责是：

一、贯彻党和国家教育方针、政策，落实学校办学理念和学校理事会、党委以及各行政部门的决议、决定和学校发展规划，协助制定学校校园文化建设发展战略和规划，并组织实施。

二、依据学校人才培养方案，协同学校教务部门，做好学校美育课程规划的制定与实施。

三、承担学校公共艺术教育工作，协同教务部门和其他学院完成课程日常教学活动的组织开展、考核管理与实施。

四、负责学校公共艺术教育实践基地建设项目的立项申报、经费预算工作。

五、负责制定公共艺术教师师资队伍建设规划并落实。

六、负责指导各学院开展大学生艺术实践活动，引导大学生艺术团体发挥示范引领作用。

七、负责学校重大艺术活动的策划、组织与实施。

八、负责单位范围内的党风廉政工作、政治思想教育及安全稳定工作，做好教职工政治学习、业务进修等工作，提高教职工政治思想觉悟和业务素质。

九、完善制度，加强管理，做好教职工考核工作，增强教职工责任心和凝聚力。

十、负责部门科研工作和档案管理等工作。

十一、完成学校交办的其他工作。

继续教育学院职责

继续教育学院是负责学校成人高等学历教育、社会培训（非学历教育）的二级教学单位，主要工作职责是：

一、贯彻执行党的教育方针和国家有关成人高等教育与职业培训的有关法规政策，落实学校办学理念和学校理事会、党委以及各行政部门的决议、决定和学校发展规划，拟定学校继续教育规章制度、发展规划和工作计划等，并组织实施。

二、承担学校继续教育工作的改革与发展任务的落实，负责管理全校继续教育（含成人学历教育、社会培训项目、职业资格考证培训）工作，对学校各级各类继续教育工作统一管理。

三、负责学校成人学历教育的管理工作，编制各类成人招生与培训计划，组织招生宣传、录取等工作。

四、负责制定非学历鉴定与培训发展规划，开发各类非学历鉴定与培训项目并组织实施以及过程监督管理。

五、协助财务处做好继续教育学院各种经费的上缴与核算、列支与管理工作。

六、全面贯彻落实国家、省、市语言文字法律法规和规范标准，做好语言文字工作宣传，组织全校师生的普通话培训与水平测试工作。

七、负责学院成人教考、自考的成绩鉴定与培训材料以及文件资料的归档和保管工作。

八、负责学院资产采购、入库、保管等管理工作。

九、负责学院范围内的党风廉政工作，负责继续教育学院师生的政治思想教育及安全稳定工作。

十、完成学校交办的其他工作。

图书馆职责

图书馆是学校负责文献信息资源建设、管理、服务的直属机构，主要工作职责是：

一、贯彻党和国家的教育方针，落实学校办学理念和学校理事会、党委以及各行政部门的决议、决定和学校发展规划，拟定学校图书馆各类文献信息资源的建设规划和相关管理制度并组织实施。

二、负责学校图书馆各类文献信息资源的调研、论证、采访工作；协助做好各类文献信息资源的招标采购工作；围绕学校教学与科研管理需要，通过各种方式和渠道收集各种类型、载体的国内外文献资料，不断提高文献资源建设质量，为本校教学和科研提供文献资源保障。

三、积极开展馆藏文献资源的典藏、流通阅览、文献传递和信息服务工作，尽力满足全校师生员工对文献信息的需求。

四、组织并实施读者教育工作，有效提升读者的信息素养和获取、利用文献资源的能力。

五、积极利用现代技术开发网络文献资源，推进图书馆管理与服务的自动化、数字化和智慧化。

六、积极开展与省内外图书馆界的合作，努力提高文献信息资源共享水平。

七、积极开展学术研究和交流活动，加强工作人员的培训和考核，不断提高工作人员的专业水平。

八、完成学校交办的其他工作。

信息与教育技术中心职责

信息与教育技术中心是学校负责信息化建设与现代教育技术建设运用的直属机构，主要工作职责是：

一、贯彻党和国家的教育方针与有关网络安全的法律法规，落实学校办学理念和学校理事会、党委以及各行政部门的决议、决定和学校发展规划，协助制定学校信息化发展战略，协助制定与组织实施学校信息化建设规划。

二、负责学校信息化建设项目的经费预算、立项报批、专家论证、建设监管和检查验收，指导学校二级单位信息化建设工作。

三、组织制定信息化建设相关规章制度和标准规范，指导并监督制度与规范的执行。

四、负责校企信息化合作项目的沟通、协调与监管，管理与监督校内通信运营商的校内运营活动。

五、协助宣传部做好学校舆情监控与管理工作；负责做好全校网络安全和应用系统等级保护定级备案相关工作。

六、负责学校校园网基础设施、弱电管网（包括楼宇弱电间）及新建楼宇网络的规划设计与建设维护。

七、负责网络中心机房、数据中心、网络安全系统的建设、管理与运维，监控与管理二级单位的托管设备。

八、负责全校办公网络、计算机、打印机及固定电话故障的处理。

九、协助学校相关职能部门做好校园一卡通系统、教务系统、无纸化办公系统、图书管理系统以及校园网的管理与维护，承担中心网络信息安全监控、检测等工作。

十、负责教育技术应用推广、前沿技术跟踪和智慧教学环境的探究，促进信息技术与学校教育教学创新融合，不断提升学校教育教学信息化水平。

十一、负责公共计算机机房的建设及运行维护管理，负责本校区域内举行的全国计算机等级考试、全国英语四六级口语上机考试及各类无纸化考试环境的准备工作。

十二、完成学校交办的其他工作。

第三部分

学校重要管理制度

黄河交通学院党政联席会议议事规则

一、总则

第一条 根据《中华人民共和国高等教育法》《中华人民共和国民办教育促进法》《关于加强民办学校党的建设工作的意见》《黄河交通学院章程》《黄河交通学院工作规程》等法律法规和有关文件精神，结合学校实际，制定本规则。

第二条 学校实行理事会领导下的校长负责制，校长依法行使《中华人民共和国高等教育法》等规定的各项职权。党委发挥党组织政治核心作用，参与学校决策，履行监督职责，确保学校按照党的要求办学立校、教书育人。

第三条 党政联席会议是学校党委和行政的联合议事决策机构，承担学校重要事项通报、研究、审议和决策的职能，坚持全面贯彻党的教育方针，坚持社会主义办学方向，围绕落实立德树人根本任务和学校改革发展稳定，实行科学决策、民主决策、依法决策。

二、议事决策范围

第四条 党政联席会议的议事决策范围：

1. 校长办公会议决定提请党政联席会议研究的事项；
2. 学校党委会议决定提请党政联席会议研究的事项；
3. 书记或校长认为需要提请党政联席会议研究的事项；
4. 30万元以内的经费支出、中层干部的聘任和解聘等由理事会授权需党政联席会议研究并决定的事项；
5. 按规定需要党政联席会议共同审议的其他事项。

凡属学校党政领导班子成员自身职权范围内决定的事项，一般不提交党政联席会议研究讨论。

第五条 由校党委书记主持党政联席会议的议事范围，主要包括：学校党的政治建设、思想建设、组织建设、作风建设、制度建设、精神文明建设、干部队伍建设和党风廉政建设，群团组织的领导和安全稳定问题、学生教育与管理等工作中需要校行政予以贯彻落实的，以及校党委书记认为需要上会研究决策的事项。

第六条 由校长主持党政联席会议的议事范围，主要包括：学科建设、专业建设、师资队伍建设、实验室建设和教学、科研、行政管理等工作中需要党委支持监督，以及校长认为需要上会研究决策的事项。

三、议事决策原则和程序

第七条 党政联席会议原则上每两周召开一次，遇有重要情况可随时召开。会议由校党委书记或校长召集并主持。

第八条 党政联席会议成员一般为学校党政领导班子成员。会议必须有半数以上成员到会方能召开。会议成员因故不能出席时，应当在会前向会议主持人请假。理事会办公室主任、学校党政办公室主任列席会议；督察与评价委员会派员列席会议；议题相关单位负责人列席会议；涉及师生切身利益的重大议题可以邀请师生代表列席会议。

第九条 党政联席会议议题由校党委书记或校长提出，也可以由学校党政领导班子其他成员提出、经校党委书记和校长商定后确定。集体决定重要事项前，校党委书记、校长和有关领导班子成员要进行充分沟通。

第十条 党政联席会议应当健全决策咨询机制，对拟研究讨论的重要事项，议题相关单位应深入开展调查研究，充分听取各方面意见，进行合法合规性审查和风险评估。对专业性、技术性、政策性较强的重要事项，应经过专家评估及技术、政策、法律咨询；对事关师生员工切身利益的重要事项，应通过教职工代表大会或其他方式，广泛听取师生员工的意见。

第十一条 党政联席会议议题实行一事一报制度，议题相关材料应提前2日提交至学校党政办公室，学校党政办公室应提前将会议议题及相关材料送达有关参会人员。

第十二条 党政联席会议按既定议程逐项进行。无特殊情况或未经会议主持人同意，一般不临时动议议题。

第十三条 党政联席会议议题由分管校领导或议题相关单位负责人汇报。出席人员应当对议题进行充分讨论，对决策建议明确表示同意、不同意或缓议决策，并说明理由。未到会领导班子成员的意见可以书面形式表达。会议主持人应根据与会情况做出最后决策。

第十四条 党政联席会议研究讨论议题时，会议主持人应当广泛听取与会人员意见建议，在此基础上对研究讨论的事项做出决策。如对重要问题发生较大意见分歧，一般应当暂缓做出决策。

第十五条 紧急情况下，不能及时提交党政联席会议研究讨论的事项，可由校党委书记、校长与分管校领导共同商议临机处置，事后应及时向党政联席会议通报。

第十六条 党政联席会议审议议题时应当通知相关单位负责人到会，听取意见，回答问询。审议结束后相关单位负责人即行离席。

第十七条 党政联席会议议题涉及与会人员本人及其亲属的，参会者本人必须回避。

第十八条 党政联席会议做出的决定，应以会议纪要形式报学校理事会备案。需要公开的应当依据有关规定及时公开。对需保密的会议内容和尚未正式公布的会议决定，参会人员应当遵守保密规定。

四、议定事项执行与监督

第十九条 党政联席会议讨论决定的事项，由学校分管领导或相关单位负责组织实施。执行情况应当及时向会议主持人或党政联席会议汇报。明确由相关单位负责的，由学校党政办公室负责传达和督促检查。学校应当建立有效的督查、评估和反馈机制，确保决策落实到位。

第二十条 党政联席会议讨论决定的事项，学校党政领导班子成员、相关单位和个人应当及时执行；对执行不力的，应当依照有关规定问责追责；决策执行过程中需作重大调整的，应当提交党政联席会议决定；需要复议的，按照第九条规定重新提交议题。

五、附则

第二十一条 学校党政办公室负责党政联席会议的会务工作，主要包括：收集议题，印发会议材料，通知参会人员，做好会议记录，编发会议纪要，分送校领导和有关部门，归档会议材料。

第二十二条 本规则由学校党政联席会议负责解释，具体工作由学校党政办公室承担。

第二十三条 本规则自 2020 年 6 月 1 日起施行。

黄河交通学院二级学院党政联席会议议事规则

第一章 总则

第一条 为进一步健全完善二级学院（含系、部，以下简称"学院"）领导体制和工作机制，充分发挥学院领导班子的作用，实现议事的制度化、规范化，保证决策的民主化、科学化，提高决策水平和办事效率，根据《中国共产党普通高等学校基层组织工作条例》《黄河交通学院章程》和《关于印发黄河交通学院关于试点学院事权改革的实施方案（试行）的通知》（黄交院发〔2020〕5号）等有关规定，结合学校实际，制定本规则。

第二条 学院一般实行党政共同负责制的集体领导体制。学院党组织与行政共同决策重要事项、共同负责落实各项工作、同步接受工作考核、协同推进事业发展。学院党总支要充分发挥政治核心和保证监督作用，支持本学院行政领导班子在其职责范围内独立负责地开展工作。学院行政领导班子要尊重和支持党总支的工作，自觉接受党总支的监督。

第三条 党政联席会议坚持民主集中制原则，集体研究决定本学院工作中的重大决策、重大项目安排等重要事项。

第二章 会议组织

第四条 党政联席会议参会人员为学院党政领导班子成员。根据会议内容，可由党政主要负责人商定邀请其他人员列席会议。

第五条 党政联席会议原则上每两周召开一次。各学院可根据工作需要，由党政主要负责人提议、商定后随时安排召开或自行安排会议召开周期。

第六条 党政联席会议根据议题的侧重分别由学院党总支书记或院长召集主持。其中，涉及教学、科学研究、学科建设和其他行政管理工作的议题，由院长主持；涉及党的建设、思想政治工作、干部队伍建设、师资队伍建设、组织发展、群团工作等方面的议题，由党总支书记主持。

第七条 只有到会者不少于应到会人数的三分之二，会议方能召开。党总支书记和院长同时外出时，一般不召开会议。

第八条 党政联席会议的通知、组织、记录工作由专人负责，并及时将会议材料送交参会人员。参会人员要认真研究会议的相关材料，准备会议讨论的意见。因故不能出席会议的，要向党政主要负责人请假，并在会前以口头或书面形式就会议议题提出意见，主持人要向会议说明其未到会原因，会议形成的决议、决定应于会后由党政主要负责人向其通报。

第九条 会议原始记录必须客观、真实、全面，完整记录讨论决策过程，讨论决定的结论必须清楚。会后形成会议纪要，由党政主要负责人共同签发。除不宜公开的内容外，会议纪要须通过适当方式在学院内公布和通报，接受广大师生的监督。会议记录和会议纪要须妥善保管并及时归档。

第三章 议事范围

第十条 党政联席会议的议事范围主要包括以下事项：

（一）落实学院党的建设、思想政治教育、师德师风学风建设、意识形态、党风廉政建设、安全稳定等工作中的重要问题和重大举措，研究解决在落实过程中遇到的突出问题。

（二）根据学校事业发展规划和专项规划，结合学院实际，制定学院发展规划，年度、学期工作计划和总结，安排阶段性重要工作。

（三）学院学科建设、专业建设、教学改革、科学研究、社会服务、师资队伍建设等方面的重要事项。

（四）本单位工作人员的岗位聘任、职称评聘、人才引进等人事管理事项。

（五）本单位教职工绩效分配、福利待遇以及事关本单位教职工切身利益的其他重要问题。

（六）本单位内部组织机构的设置与调整，人员的配备、调整以及需要报送学校审批的相关事项。

（七）研究决定本单位与境外学校开展院系级的对外合作与交流活动等相关事项。

（八）研究决定学院年度财务预算、决算情况和预算执行情况，固定资产、办学资源调配和使用。

（九）其他应提交党政联席会议讨论决定的重要事项。

第十一条 学院要在上述原则规定的基础上，根据实际情况对党政联席会议的议事范围作进一步细化和界定。

第四章 议题确定和议事程序

第十二条 党政联席会议议题由党政联席会议成员提出，经党政主要负责人共同协商后确定。党政主要负责人意见不一致的，应暂缓上会，进一步沟通酝酿、交换意见、取得共识后，再提交会议讨论。

第十三条 党政联席会议应严格按照既定议题进行，未经党政主要负责人会前共同审定的议题，且非突发性重大事件，一般不得在会上临时动议。

第十四条 拟列入党政联席会议的议题，应经过必要的程序进行论证，通过各种形式听取学院师生员工的意见。

第十五条 党政联席会议一事一议，由提出议题的成员报告情况，提出解决问题的建议，与会人员充分发表意见并提出明确观点；会议主持人最后发表意见，末位表态，根据讨论情况归纳总结，按照民主集中制原则形成决定。如对议题存在重大分歧，应暂缓决策，会后进一步调研、论证、充分协商后再上会研究。

第十六条 党政联席会议讨论决定问题，可根据讨论事项，采取口头、举手或无记名投票的方式进行表决。按照少数服从多数的原则，以超过应到会成员半数同意形成决议、决定。未到会成员不可委托表决，其书面意见不计入表决票数。

第十七条 党政联席会议议事，凡涉及与会人员本人、配偶、子女、亲属的问题或其他可能影响公正的问题时，与会者本人及有关人员应主动回避。对党政联席会议讨论的情况，凡属保密事项，在形成决议并正式执行之前，与会人员必须严格遵守会议制度及保密纪律要求，如有违反，应追究当事人及相关人员的责任。

第十八条　党政联席会议决定的事项，会议成员应按干部岗位职责及分工贯彻落实，落实情况要及时向党政主要负责人和党政联席会议报告。

第十九条　如情况发生变化或执行决定过程中出现新情况，不适宜或不可能按原决定执行而需变更、调整决议事项时，应由党政联席会议重新审议；特殊情况下可由党政主要负责人征得党政联席会议成员同意后做出适当调整，提交下次党政联席会议确认。

第五章　附则

第二十条　各学院党总支要加强对领导班子成员贯彻执行党政联席会议制度情况的监督，发现问题及时纠正。学校定期对各学院贯彻执行党政联席会议制度及议事规则执行情况进行检查，纳入领导班子和领导干部考核评价的重要内容。对违反民主集中制原则，未经党政联席会议研究擅自决策重大事项、不执行党政联席会议决策，或因学院领导内部不团结而严重影响工作的，学校将根据具体情况追究相关人员责任，必要时对学院领导进行岗位调整。

第二十一条　本规则由学校党政办公室负责解释。

第二十二条　本规则自发布之日（2021年3月24日）起施行。

黄河交通学院预算管理办法（试行）

第一章　总则

第一条　为健全学校预算管理，强化预算的分配、执行和监督职能，积极构建"科学民主、规范精细、全面完整、导向清晰、注重绩效、权责匹配"的资源配置体制，推动学校加快内涵发展，支持学校特色建设，根据《预算法》《预算法实施条例》《高等学校财务制度》等有关法律法规，结合学校实际，制定本办法。

第二条　本办法所称预算，是指学校及其所属各单位根据教学事业发展目标和计划，编制并履行相应程序的年度财务收支计划。预算由收入预算和支出预算组成。预算管理包括预算的编制、审批和执行，调整、评价和监督，以及决算和信息公开等。

第三条　预算年度自每个公历年的1月1日至12月31日，预算收支均以人民币为计算单位。

第四条　学校在"统一领导、分级管理、集中核算"的财务管理体制框架下，积极推动财权下放，完善学校和各单位两级预算管理制度，推进职能部门转变管理观念，突出"标准制定、绩效考评、监督检查、指导服务"等职能；进一步发挥各单位办学的积极性和创造性，增强办学自主权，释放办学活力。

第二章　预算管理职权

第五条　各单位应统筹各项经费，按照学校要求自主编制本部门预算草案；依据学校批准下达的预算统筹实施；按照管理权限，对部门预算执行情况进行绩效考评；定期向本单位教职工或教职工代表大会通报预算批复和执行情况。各单位主要负责人负责审批本部门预算编制、执行、调整和监督等工作。

第六条　财务处在主管校长的领导下，具体负责预算编制的组织和协调工作；负责对各单位的预算草案进行审核汇总，并依据相关规定和学校财力状况，拟定学校年度预算初步建议方案；负责下达经批准的单位或部门预算，指导和监督各单位或部门执行预算并进行预算控制；定期向校领导和理事会报告预算执行情况；编制学校年度决算报告草案。

第七条　学校督导与评价委员会是学校预算管理的监督机构；校长办公会是学校预算管理的执行机构。根据学校工作制度和职责，学校年度预算建议方案、年度重大预算调整建议方案、年度决算报告建议方案，应按程序报学校理事会研究决定。

第八条　理事会是学校重大财经事项的议事决策机构，负责审批学校年度预算方案、年度预算调整和资金统筹方案、年度决算报告方案。

第三章　预算编制和审批

第九条　预算编制原则和方法

（一）学校预算必须遵循国家法律法规和上级财政、教育部门的有关规定。

（二）预算编制遵循"量入为出、收支平衡"的原则。收入预算编制积极稳妥；支出预算编制应统筹兼顾、保证重点、勤俭节约。

（三）预算编制必须坚持"收支两条线"的原则。所有收入全部纳入学校预算，全部支出由学校预算统一安排。

（四）预算编制应根据学校事业发展规划和年度工作计划，结合学校财力状况，参考上年预算执行情况和支出绩效，按照规定程序履行决策审批。

（五）落实财政厅、教育厅专项资金立项结项的要求，实行零基预算编制方式，上年度按规定结转的各项专项资金纳入本年度预算。

（六）根据中期财务规划编制要求，学校以"近详远略"原则编制三年滚动财政预算。积极推进项目备选库建设，以项目库为载体实现项目的全周期滚动管理。

（七）为引导各教学单位坚持内涵式和可持续发展，扩大财权，增强宏观调控能力，学校将根据财力状况，设立前期重点引导资金和后期绩效奖补资金。

（八）学校统筹资金设立预算稳定调节基金，用于平衡预算改革过程中的资金缺口。

第十条 预算编制内容和程序

（一）预算编制内容

1. 学校和各单位收入预算

主要包括财政补助收入、上级补助收入、教育事业收入、科研事业收入、经营收入、其他收入等，由学校财务处根据年度财力状况统一编制。

2. 学校和各单位支出预算

学校支出预算，主要包括全校性的人员经费、债务经费、基本建设经费和学校统一调配的公用经费等，由财务处根据年度财力状况统一编制。

各单位支出预算，由各单位在学校核定的控制额度内自主编制，主要包括：

（1）教学单位支出预算，包括基本运行经费、基本发展经费、专项任务经费、重点发展经费、前期重点引导和后期绩效奖补经费等。

基本运行经费是保证正常运转、开展日常工作经费。

基本发展经费是保证教学、学科、专业、师资、科研、实验实践平台、国际交流合作、公共服务体系等事业发展的基本经费。

以上两项经费可根据控制额度，自主切分比例并编制预算。二级学院控制额度按照生均基准定额和折算系数、就业指导经费、单位内部事业收入贡献和学校分配政策核定；公共教学单位控制额度按照教师编制和定额标准、单位内部事业收入贡献和学校分配政策核定。定额标准依据相关政策实行动态调整机制。

专项任务经费是除正常运转外，为完成某些特定工作任务发生的经费，由学校根据教学单位承担的专项任务，结合学校财力单独核定。

重点发展经费是高水平大学建设和内涵发展经费，主要来源于财政立项的专项经费，履行学校决策程序的校内专项，承接学校职能部门专项发展任务等。

前期重点引导和后期绩效奖补经费是教学单位综合实力提升经费。前期重点引导经费由单位在学校下达的控制额度内自主立项，用于提高核心竞争力；后期绩效奖补经费由单位在学校下达的控制额度内自主立项，自主支配用于事业发展和人员绩效。实施办法和细则另行制定。

二级学院等单位其他工资按单位内部事业收入贡献和学校分配政策单独核定，按原口径安排支出。

（2）职能部门支出预算，包括基本运行经费、基本任务经费、重点发展经费。

基本运行经费是保证日常运转费用，按机关定额和编制数核定控制额度。机关定额依据相关政策实行动态调整机制。

基本任务经费是除正常运转外，为完成某些特定工作任务发生的经费，由学校根据财力状况和事业发展目标，参照以往年度预算安排水平核定。

重点发展经费是高水平大学内涵建设经费，由学校根据财力状况和事业发展目标，参照以往年度预算安排水平核定。重点发展经费中，涉及学校事业发展全局的可由职能部门集中掌握；用于二级学院等单位内涵建设的经费原则上应下拨，由各单位细化项目并编制预算。职能部门须会同财务处制定绩效考评体系，实施绩效考评和管理监督。

（二）预算编制程序

学校根据理事会下达的预算控制数编制校内预算，按照"二上二下"程序，采取上下结合、分级编制、逐级汇总的编制方法编制预算。

一上：按照学校统一部署，各单位将基础数据和履行学校决策程序后的项目立项材料上报学校财务处。

一下：根据学校规划和年度工作计划，结合本年度收入、往年预算执行情况，按照学校经费核拨办法，下达各单位初步预算控制额度。

二上：教学单位在控制额度内，按学校规定自主细化并编制基本运行和基本发展经费支出预算，组织申报职能部门竞争性重点发展经费，细化立项的重点发展、综合实力提升等事业发展经费，广泛征求意见、履行决策程序后上报财务处；职能部门在控制额度内，按学校规定自主细化并编制基本运行、基本任务和重点发展经费支出预算，经主管校领导审批后上报财务处。

二下：财务处对各单位预算草案进行审核汇总，结合财力状况和备选库项目情况，编制学校年度预算草案，经充分沟通并征求各分管校领导意见，形成学校年度预算建议方案，上报校长办公会审定，并经理事会批准后下达年度预算。

第四章　预算执行和调整

第十一条　学校预算一经批准，应严格执行，不得随意调整。

第十二条　预算年度开始后，财务处根据上年度预算支出项目安排一定金额的经费，保证各单位主要工作的正常开展。按事业收入贡献结算的经费，年初按上年贡献和学校分配政策安排50%，剩余部分经费在年度预算下达后安排，财务处根据本年度实际贡献，追加或调减经费额度。

第十三条　各预算单位应认真组织实施学校预算，严格按照批准的项目和标准，依法依规组织收入，及时足额收缴应收的预算收入。

第十四条　各预算单位应健全支出责任制度，严格按照预算批复的范围、标准、时间节点和执行比例要求，加快项目建设和资金支付进度，提高资金使用效益。

第十五条 财务处负责组织核算，并会同相关职能部门监督预算执行情况。

第十六条 确因工作需要，必须调整预算的，应按下列程序办理：

（一）因上级政策、学校事业规划和任务发生变化，需调整学校总体预算的，有关预算单位应提出申请，财务处审核形成预算调整建议方案，报学校研究，按规定程序审核批准。

（二）学校按归口设立事业发展预算调节基金，分类设置项目备选库。由学校决策的预算项目，金额在10万元以下的，按照学校审批程序审批后，从事业发展预算调节基金安排；金额在10万元以上（含10万元）的，申报单位要按照要求填写项目申报书，经科学论证并按规定履行学校审批程序后，列入项目备选库管理。

（三）教学单位在总体控制额度内，项目间的经费调整，须经科学民主论证，调整方案报财务处，按规定程序审批。

第五章 预算评价和监督

第十七条 学校建立预算绩效评价考核制度，对项目经费支出结构、使用效益进行分析评价和考核，并将考核结果作为预算分配的重要指标。各单位应根据职责权限建立相应的绩效考核机制。

第十八条 学校建立预算执行通报制度，对各单位预算执行情况进行定期和不定期的统计、分析，向各相关单位通报，向校长办公会、理事会报告。

第十九条 督评委、审计处负责对学校各级预算的编制、执行、决算情况进行监督、审计。

第六章 决算和信息公开

第二十条 财务处负责编制学校年度决算报告建议方案，根据学校相关工作制度及工作职责，提交学校研究决定，按规定报送上级教育主管部门备案。

第二十一条 学校预算编制和执行情况须向学校教职工代表大会报告，各单位的预算编制和执行情况须向本单位教职工或教职工代表大会报告。

第二十二条 按照国家和上级部门规定，学校对经费来源、年度经费预决算方案，在规定范围内以符合学校实际情况的方式进行信息公开。

第七章 附则

第二十三条 本办法解释权归财务处。

第二十四条 本办法自公布之日起执行。

黄河交通学院学籍管理规定

第一章 总则

第一条 为维护学校正常的教育教学秩序，进一步规范学校学籍学历管理，提高教育教学质量，根据《普通高等学校学生管理规定》的有关规定，结合我校实际情况，制定本规定。

第二条 本规定适用于黄河交通学院接受普通高等学历教育的全日制专科生、本科生。在黄河交通学院接受教育的其他类别的学生的学籍管理参照本规定执行。

第三条 学校实行弹性学习年限，本科专业基本学制一般为四年（特殊专业按照国家规定执行），专科专业基本学制一般为三年（特殊专业按照国家规定执行）；本科生最长学习年限为所在专业基本学制加三年，专科生最长学习年限为所在专业基本学制加两年。

因创业、参军入伍而休学、保留学籍的，经学校批准，最长学习年限可在此基础上顺延。

第二章 入学与注册

第四条 按国家招生规定被我校录取的新生，持录取通知书和有效证件，按学校有关要求和规定的期限到校办理入学手续。因故不能按期入学的，应当在规定的报到时间结束前以书面形式向学校请假（未满18周岁的学生提交申请时，须监护人签字确认，其他条款涉及学生提交申请保留学籍、退学、转学、转专业、休学等重大学习权利处置时，同此要求），请假一般不得超过两周（特殊情况可请假1个月），由学校招生办公室、学生处备案。未请假或者请假逾期的，除因不可抗力等正当事由以外，视为放弃入学资格。

第五条 新生报到时，学校对新生入学资格进行初步审查，审查合格的办理入学手续，予以注册学籍；审查发现新生的录取通知、考生信息等证明材料，与本人实际情况不符，或者有其他违反国家招生考试规定情形的，取消入学资格。

第六条 新生可以申请保留入学资格。保留入学资格期间不具有学籍，不享受在校生待遇。新生保留入学资格期满前应向学校申请入学，经学校审查合格后，办理入学手续。审查不合格的，取消入学资格；逾期不办理入学手续且未有因不可抗力延迟等正当理由的，视为放弃入学资格。

第七条 学生入学后，学校在3个月内按照国家招生规定进行复查。复查内容主要包括以下方面：

（一）录取手续及程序等是否合乎国家招生规定；

（二）所获得的录取资格是否真实、合乎相关规定；

（三）本人及身份证明与录取通知、考生档案等是否一致；

（四）身心健康状况是否符合报考专业或者专业类别体检要求，能否保证在校正常学习、生活；

（五）艺术、体育等特殊类型录取学生的专业水平是否符合录取要求。

复查中发现学生存在弄虚作假、徇私舞弊等情形的，确定为复查不合格，取消学籍；情节严重的，移交有关部门调查处理。

复查中发现学生身心状况不适宜在校学习，经学校指定的二级甲等以上医院诊断，需要在家休养的，可以按照第四条的规定保留入学资格。

第八条 对患有疾病的新生，经学校指定的二级甲等以上医院（下同）诊断不宜在校学习的，可以保留入学资格一年。在保留入学资格期内经治疗康复，可以向学校申请入学，由学校指定医院诊断，符合体检要求，经学校复查合格后，重新办理入学手续。复查不合格或者逾期不办理入学手续者，取消入学资格。

第九条 每学期开学时，学生应按学校规定办理注册手续。不能如期注册的，应履行暂缓注册手续。每学年秋季学期，学生应按时缴纳学费。未按学校规定缴纳学费或者有其他不符合注册条件的，不予注册。除因不可抗拒的事由以外，超过两周未报到注册且未按规定办理暂缓注册手续的，视为放弃学籍，按退学处理。

家庭经济困难的学生可以申请助学贷款或者其他形式资助，办理有关手续后注册。

学校按照国家有关规定为家庭经济困难学生提供教育救助，不断完善学生资助体系，保证学生不因家庭经济困难而放弃学业。

第三章 考核与成绩记载

第十条 学生应当参加学校教育教学计划规定的课程和各种教育教学环节（以下统称课程）的考核，考核成绩记入成绩册，并归入学籍档案。

（一）考核方式。课程考核分考试、考查两种，具体采用何种方式，由教研室和任课教师根据课程教学要求设定，并在教学大纲中予以确定。考核方式一经确定，不得随意更改，应在该课程第一次上课时向学生公布。具体办法见《黄河交通学院课程考核管理办法》。

（二）成绩评定。

1. 考试课程成绩采用百分制评定；一门课程的总成绩由该课程的平时成绩、期末考试成绩按规定比例折合加总而成；期末考试成绩所占比例一般不低于总成绩的60%。

2. 考查课程的考核成绩一般按五级分制（优秀、良好、中等、及格、不及格）评定成绩。百分制与五级分制换算标准是：90～100分为优秀，80～89分为良好，70～79分为中等，60～69分为及格，少于60分为不及格。

具体办法见《黄河交通学院课程考核管理办法》。

（三）考核不合格的课程补考与重修。在学期期末考试中课程考核成绩不及格或不合格，经补考后成绩仍不及格或不合格的，可以申请参加课程重修。

具体办法见《黄河交通学院关于课程重修的规定》。

第十一条 学生思想品德的考核、鉴定，以《黄河交通学院学生管理规定》和各专业人才培养方案为主要依据，采取个人小结、师生民主评议等形式进行。

学生综合素质成绩或者学分按照《黄河交通学院学生素质拓展与考核标准》的规定进

行考核、鉴定。

体育课成绩评定突出过程管理，根据考勤、课内教学、课外锻炼活动和体质健康测评等情况综合评定。在校学习期间确因伤、病、残不能正常参加体育课学习的学生，必须持有县级以上医院诊断证明和本人申请，经学生所在学院和基础教学部审查，报教务处备案，进行适当锻炼并评定成绩。

第十二条 学生每学期或者每学年所修课程或者应修学分数以及留级、重修规定。

（一）学生每学期或者每学年所修课程或者应修学分数按照黄河交通学院各专业人才培养方案的要求。

（二）留级。学生有下列情形之一者，学校劝其留级或退学：

1. 在一学期内所修必修课程经考核不及格累计达到 16 学分及以上者（新生第一学期所修必修课程经考核不及格达到 18 学分及以上者）；

2. 入学以来必修课程经考核（初修）不及格累计达到 30 学分及以上者。

（三）重修。学生如有下列情况之一者，可以申请参加课程重修：

1. 课程考核成绩不及格，经补考后仍不及格的；

2. 在课程考核或补考时无故缺考、考试违纪或作弊、被取消考试资格的。

学生如有下列情况之一者，不得参加重修：

1. 新学期开学未经注册的。

2. 未办理课程重修申请手续的。

3. 同一门课程已申请重修过一次的。

其他关于课程重修的具体办法见《黄河交通学院关于课程重修的规定》。

（四）留级和申请重修的学生，按照应缴学费、住宿费、教材费等费用的有关标准按时缴纳费用。

第十三条 学生根据学校有关规定修读的课程成绩（学分），学校予以承认。

（一）学生在学校认可的课程资源及教务管理系统选课所取得的成绩（学分）学校予以承认；在未经学校认可的课程资源及教务管理系统选课，自行修读课程所取得的成绩（学分），学校不予承认。

（二）校外转入学生成绩认定需学生本人提供转学手续、转入前学校出具学生成绩单原件、学籍证明，并经教务处与转入前学生所在学校教务处沟通后，将转入前所在学校课程成绩对应到转入专业相近课程（学时、学分、课程名）。

（三）校内专业调整学生成绩认定需学生本人提供专业调整审批表原件后，将转入前所在专业课程成绩对应到转入专业相近课程（指课程名、学时、学分相近）上。具体办法见《黄河交通学院课程考核管理办法》。

第十四条 学生参加创新创业、社会实践等活动以及发表论文、获得专利授权等与专业学习、学业要求相关的经历、成果，可以折算为学分，计入学业成绩。具体办法见《黄河交通学院学生素质拓展与考核标准》和《黄河交通学院学生积分细则》。

第十五条 学校有健全学生学业成绩和学籍档案管理制度的责任与义务，真实、完整地记载、出具学生学业成绩。

（一）对通过补考、重修获得的成绩，予以标注。具体办法见《黄河交通学院课程考核管理办法》。

（二）学生违反考试纪律或者作弊的，应视其违纪或者作弊情节，给予相应的纪律处分，违反考试纪律的按照《黄河交通学院学生违纪处分细则》相关规定给予严重警告及其以上处分，考试作弊的按照《黄河交通学院学生违纪处分细则》相关规定给予记过及其以上处分，同时该课程考核成绩记为 0/违纪或 0/作弊。

（三）对违反考场纪律、考试作弊者，除给予纪律处分和所考该课程记为零分外，不准参加正常补考。经教育表现较好，可以对该课程给予重修机会。其他违反考场纪律、作弊的，根据《黄河交通学院学生违纪处分细则》和《黄河交通学院考试违规处理办法》相关规定，视情节轻重给予相应的处分。

具体办法见《黄河交通学院考试违规处理办法》《黄河交通学院学生违纪处分细则》和《黄河交通学院课程考核管理办法》。

（四）学生因退学等情况中止学业，其在校学习期间所修课程及已获得学分，予以记录。退学学生可开具退学证明，并根据学习年限提供相应的成绩证明。未经学校批准擅自离校的学生，不予办理退学证明和成绩证明。

第十六条 学生必须按时参加教育教学计划规定的活动。不能按时参加的，应当事先请假并获得批准。无故缺席、旷课的，根据学校有关规定给予批评教育，情节严重的，给予相应的纪律处分。具体办法见《黄河交通学院课程考核管理办法》《黄河交通学院学生违纪处分细则》。

第十七条 学生必须接受学校开展的诚信教育，学校以适当方式记录学生学业、学术、品行等方面的诚信信息，建立对失信行为的约束和惩戒机制；对有严重失信行为的，视情节轻重给予相应的纪律处分，对违背学术诚信的，可以对其获得学位及学术称号、荣誉等予以取消。具体办法见《黄河交通学院学士学位授予工作实施细则》《黄河交通学院学生违纪处分细则》等有关规定。

第四章 转专业与转学

第十八条 学生入校后应在被录取专业内完成自己的学业。学生在学习期间对其他专业有兴趣和专长的，可以申请转专业；以特殊招生形式录取的学生，国家有相关规定或者录取前与学校有明确约定的，不得转专业。

休学创业或退役后复学的学生，因自身情况需要转专业的，学校优先考虑。

第十九条 坚持公开、公平、公正、规范原则，以学生为本、促进学生健康发展、提高人才培养质量、培养创新型人才、促进规范办学、维护教育公平基本原则，注重个性发展，尊重学生的自主选择，进一步调动学生学习的主动性和积极性，使学生有更多自主选择和发展的机会。

第二十条 凡符合条件的学生都可以依据自己的兴趣爱好、人生理想和职业志向，重新选择专业学习。符合条件的学生申请转专业一般应在第一学期结束之际提出申请，原专业考试成绩合格，经转出院系、转入院系、教务处批准同意，学生处审核备案，可以办理转专业手续。

第二十一条 办理转专业手续要做到理由充分，证明材料完备。为了体现教育和社会公平，有下列情况之一的，不得转专业：

（一）跨学历层次的；

（二）跨录取批次的；

（三）跨科类的；

（四）通过普通"专升本"考试升入本科，录取时被确定为国防生和定向或委托培养的；

（五）五年一贯制、三二分段制学生；

（六）艺术、体育类专业学生调整到普通类专业的；

（七）入读本校后有违纪或受处分记录的；

（八）超过受理截止时间申请的；

（九）已转过专业又申请更改或撤销的；

（十）入学未满一学期或本科三年级以上者；

（十一）入学第一学期学生初修课程期末考试有 2 门次以上不及格者；

（十二）其他无正当理由或不符合学校相关要求的。

第二十二条 学校根据社会对人才需求情况的发展变化，经学生同意，必要时可以适当调整学生所学专业，也允许在读学生转到其他相关专业就读。

应征入伍、休学创业后复学的学生申请转专业的，同等条件下优先办理。

第二十三条 学生转入新专业后，应按转入专业教学计划学习，必须修读转入专业的全部专业必修课程和相关的专业选修课程，达到转入专业毕业要求后，方可准予申请毕业。

第二十四条 学生一般应当在被录取学校完成学业。因患病或者有特殊困难、特别需要，无法继续在本校学习或者不适应本校学习要求的，可以申请转学。有下列情形之一，不得转学：

（一）入学未满一学期或者毕业前一年的；

（二）高考成绩低于拟转入学校相关专业同一生源地相应年份录取成绩的；

（三）由低学历层次转为高学历层次的；

（四）以定向就业、委托培养或艺术类、体育类、高水平艺术团、高水平运动员等特殊招生形式录取的；

（五）应予以退学的；

（六）其他无正当转学理由的。

学生因学校培养条件改变等非本人原因需要转学的，学校出具证明，由河南省教育厅协调转学到同层次学校。

第二十五条 学生转学由学生本人提出申请，说明理由，经所在学校和拟转入学校同意，由转入学校负责审核转学条件及相关证明，认为符合本校培养要求且学校有培养能力的，经学校校长办公会或党政联席会议或者专题会议研究决定，可以转出或转入。

经校长办公会或党政联席会议或者专题会议研究批准的，学生持转学申请表到财务处缴纳相关费用（缴费标准由财务处确定）。未批准的，不得转学。

跨省转学的，由转出地省级教育行政部门上报转入地省级教育行政部门，按转学条件确认后办理转学手续。须转户口的由转入地省级教育行政部门将有关文件抄送转入学校所在地的公安机关。

第二十六条 学校按照国家有关规定，对转学情况应当及时进行公示，并在转学完成后 3 个月内，由转入学校报所在地省级教育行政部门备案。

第五章 休学与复学

第二十七条 学生可以分阶段完成学业，除另有规定外，应当在学校规定的最长学习年限（含休学和保留学籍）内完成学业。

学生申请休学或者学校认为应当休学的，经学校批准，可以休学。学生休学以一学年为期限，累计休学不得超过两次。

学生有下列情形之一者，应予休学：

（一）因伤病经学校指定医院诊断，须停课治疗、休养的；

（二）因创业等其他特殊原因，本人申请或学校认为必须休学的；

（三）根据考勤，一学期请假超过该学期总学时三分之一以上者。

（四）其他原因需要中断学习，所需时间占一学期总学时三分之一以上者，本人申请或学校认为可以休学者，应作休学处理。

（五）学生因患有心理疾病或出现精神异常，不能正常完成学业或者存在一定风险的，应作休学处理。

第二十八条 学校根据情况建立并实行灵活的学习制度，学生在校学习年限为专科 3～5 年、本科 4～7 年，对应征入伍、休学创业的学生，经过研究批准可以适当延长学习年限。

第二十九条 新生和在校学生应征参加中国人民解放军（含中国人民武装警察部队），学校保留其入学资格或者学籍至退役后 2 年。

学生参加学校组织的跨校联合培养项目，在联合培养学校学习期间，学校同时为其保留学籍。

学生保留学籍期间，应与其实际所在的部队、学校等组织建立管理关系。

第三十条 休学学生应当办理手续离校，提交材料需家长书面同意。学生休学期间，学校为其保留学籍，但不享受在校学习学生待遇。因病休学学生的医疗费按国家及当地医疗保险的有关规定处理。学生休学期间，若发生意外事故或侵权事件，学校不承担责任。

第三十一条 学生休学期满，应当提前一个月向学校提出复学申请，并提供学校要求的相关证明材料，经学校复查合格，方可复学。

学生有下列情形之一者，不予复学：

（一）休学期限未满的；

（二）因伤病休学，经学校指定医院复查不符合康复标准的；

（三）休学期间有严重违法乱纪行为或被追究刑事责任的；

（四）退役复员没有相应证明的。

第六章 学业警示

第三十二条 学校每学期第五周由教务处、二级学院（系部）负责进行学生学业审查，有下列情况之一的学生，以书面形式给予学业警示：

（一）一学期不及格课程达到三门以上或者不及格课程学分累计 6 学分以上者；

（二）四年制本科学生自入学起不及格课程学分累计达到 20 学分者，两年制（专升本）专业学生在校修业期间必修课程不及格学分累计达到 10 学分及以上者。

第七章　退学

第三十三条　学生有下列情形之一，学校可予退学处理：
（一）学业成绩未达到学校要求或者在学校规定的学习年限内未完成学业的；
（二）休学、保留学籍期满，在学校规定期限内未提出复学申请或者申请复学经复查不合格的；
（三）根据学校指定医院诊断，患有疾病或者意外伤残不能继续在校学习的；
（四）未经批准连续两周未参加学校规定的教学活动的；
（五）超过学校规定期限未注册而又未履行暂缓注册手续的；
（六）学校规定的不能完成学业、应予退学的其他情形。
学生本人申请退学的，经学校审核同意后，办理退学手续。

第三十四条　退学学生，应当在 1 个月内办理退学手续离校。退学学生的档案由学校退回其家庭所在地，户口应当按照国家相关规定迁回原户籍地或者家庭户籍所在地。

第三十五条　对学生的退学处理，由学生处审核，报校长办公会议研究决定。对退学的学生，学校出具退学决定书并送交本人或家长，同时报河南省教育厅备案。

第三十六条　学生对退学处理有异议者，参照《黄河交通学院学生管理规定》第六十条、第六十一条、第六十二条、第六十三条、第六十四条办理。

第八章　毕业与结业

第三十七条　学生在学校规定学习年限内，修完教育教学计划规定内容，成绩合格，达到学校毕业要求的，学校准予毕业，并颁发毕业证书。

符合学位授予条件的，学校颁发学位证书。受到记过及其以上纪律处分的学生是否授予学位，按照《黄河交通学院学士学位授予工作实施细则》《黄河交通学院学生违纪处分细则》等有关规定处理。

学生提前完成教育教学计划规定内容，获得毕业所要求的学分，可以申请提前毕业。学生提前毕业的条件，由学校另行规定。

第三十八条　学生在学校规定学习年限内，修完教育教学计划规定内容，但未达到学校毕业要求的，学校可以准予结业，发给结业证书。

因学业课程考核成绩不合格按结业处理的学生，视其表现，个人申请，学校批准，允许在结业后规定时间内返校申请参加补考，补考合格者，补发毕业证书，不补发学士学位证书，具体办法见《黄河交通学院关于课程的重修的规定》和《黄河交通学院学士学位授予工作实施细则》。合格后颁发的毕业证书、毕业时间按发证日期填写。

对于毕业设计、论文、答辩不合格者，可在离校前在指导教师指导下进一步修改完善，安排第二次答辩。若第二次答辩不合格作结业处理的学生，离校后不再安排答辩，不颁发毕业证书和学位证书。

对退学学生，学校发给肄业证书或者写实性学习证明。

第九章　学业证书管理

第三十九条　学校严格按照招生时确定的办学类型和学习形式，以及学生招生录取时填报的个人信息，填写、颁发学历证书、学位证书及其他学业证书。

学生在校期间变更姓名、出生日期等证书需填写的个人信息的，应当有合理、充分的理由，并提供有法定效力的相应证明文件。

第四十条　学校执行高等教育学籍学历电子注册管理制度，完善学籍学历信息管理办法，按相关规定及时完成学生学籍学历电子注册。

第四十一条　对完成本专业学业同时辅修其他专业并达到该专业辅修要求的学生，由学校发给辅修专业证书。

第四十二条　对违反国家招生规定取得入学资格或者学籍的，学校应当取消其学籍，不得发给学历证书、学位证书；已发的学历证书、学位证书，学校依法予以撤销。对以作弊、剽窃、抄袭等学术不端行为或者其他不正当手段获得学历证书、学位证书的，学校依法予以撤销。

被撤销的学历证书、学位证书已注册的，学校予以注销并报河南省教育厅宣布无效。

第四十三条　学历证书和学位证书遗失或者损坏，经本人申请，学校核实后出具相应的证明书。证明书与原证书具有同等效力。

第十章　学籍异动

第四十四条　学籍异动包括保留入学资格、取消入学资格、休学、复学、转专业、转学、跳级、延长学习年限、退学、保留学籍、取消学籍和开除学籍等。

第四十五条　根据本规定相应条款，由学生本人提出书面申请，提交相应证明材料，辅导员签署意见，院系签署意见，学生处审核报校领导或校长办公会批准。

第十一章　附则

第四十六条　本规定自发布之日起施行，由学生处负责解释。原《黄河交通学院学籍管理规定》（黄交院〔2017〕64号）自行废止。

黄河交通学院学生素质拓展与考核标准

一、指导思想

以习近平新时代中国特色社会主义思想为指导，深入贯彻党的十九大和新时代全国高等学校本科教育工作会议精神，落实立德树人根本任务，践行社会主义核心价值观，为了促进学生顺利完成学业，注重课内外相结合、第一课堂与第二课堂相结合、理论学习与社会实践相结合，动员全校资源服务学生素质拓展，引导学生自觉参与素质教育，提高综合素养，着力培养"做人有品格、就业创业有实力、发展有潜力"的德智体美劳全面发展的高素质应用型专门人才。

二、任务目标

以落实立德树人根本任务和素质拓展为主线，以培养具有理想信念和社会责任感，专业基础扎实、实践能力较强、勇于创新创业、德智体美劳全面发展的高素质应用型专门人才为目标，通过思想教育、实践活动教育、行为养成教育、劳动教育、科技文艺素养提升教育、创新创业教育等多种形式，落实人才培养规格与要求，促使学生毕业时在基础知识能力、专业知识能力、科研和创新能力、劳动素养等方面的综合素质达到社会欢迎、行业和用人单位满意的水平。

三、学生素质拓展与考核标准主要内容

学生综合素质拓展标准内容主要包括思想素质提升、科学文艺素养提升、行为及劳动素养提升、身心素质提升、创新创业与学科竞赛活动等方面。在落实具体任务上采取全员参与、模块管理、分级负责的工作体系。

四、学生素质拓展与考核标准的实施

（1）学生素质拓展与考核标准的实施，其内容、形式应以实际效果为基本原则，按不同层次、不同模块内容、多样化的方式进行，具体实施细则或者实施计划由相关部门和教学单位按照各自职责分别制定，要具有可操作性、可行性、可考核与评价，学生每取得一项相应项目的学分，由辅导员、班主任汇总后，结合教学秘书，在每学期期末录入教务系统记入学生成绩单。

（2）每一位学生均参加本标准的实施过程、考核和评定，本科学生毕业前必须取得不低于10学分的综合素质拓展学分，专科生必须取得不低于8学分的综合素质拓展学分，并作为评价学生是否毕业的依据之一。

学生素质拓展与考核标准一览表

素质拓展标准模块	素质拓展观测点	具体要求和标准内容	学分	备注
思想意志品质提升（2学分）	思想政治素质	努力学习习近平新时代中国特色社会主义思想，面向世界，了解国情，确立在中国共产党领导下走社会主义道路、实现中华民族伟大复兴的共同理想和坚定信念，努力成为有理想、有道德、有文化、有纪律的社会主义新人。结合思想政治类课程培养方案，撰写一份包含大学学习、生活等方面的规划书	1	必修
	道德品质	践行社会主义核心价值观，弘扬传统美德，遵守社会公德，男女交往文明；关心集体，爱护公物，热心公益；尊敬师长，友爱同学，团结合作；仪表整洁，待人礼貌；豁达宽容，积极向上	0.5	必修
	团队精神	经常参加集体活动、社会公益活动、志愿服务活动或学雷锋做好人好事，每月不低于1次	0.5	必修
语言沟通能力训练（2学分）	英语口语水平	由基础教学部英语教研室制定具体标准并负责落实	1	必修
	写作能力	由基础教学部语文教研室制定具体标准并负责落实	0.5	必修
	演讲与口才	通过课前5分钟演讲活动、演讲比赛活动等，训练语言表达能力	0.5	必修
科学素养（2.5学分）	发表论文和获得专利	发表或参与发表学术论文；或者获得与本专业相关的一项专利（专利受理限额内成员）	1	
	参与科研课题	参与完成市厅级及以上项目或学校科研管理部门考核统计的横向项目一项（与专业相符或相近）	1	
	计算机应用能力	由智能工程学院相关教研室制定具体标准并负责落实	0.5	
文学、文艺素养提升（1.5学分）	文艺竞赛	参加各种层次的文化、艺术、人文社科等方面的比赛，获得一定的奖项或相应的名次	0.5	
	歌曲舞蹈鉴赏	熟练唱校歌及5首以上激励人的经典歌曲，基本学会鉴赏3种以上舞蹈	0.5	
	书法知识	由基础教学部语文教研室制定具体标准并负责落实	0.5	

续表

素质拓展标准模块	素质拓展观测点	具体要求和标准内容	学分	备注
行为规范与劳动素养（4学分）	行为规范	自觉践行《高等学校学生行为准则》和《黄河交通学院学生礼仪规范》，重点包括仪容仪表、言谈举止、课堂礼仪、待人接物、尊师爱友、人际交往礼仪、网络言行等方面，无吸烟、饮酒、网贷等不良行为	0.5	必修
		诚实守信，遵守校规校纪，严肃考风考纪，无受纪律处分纪录	0.5	
	自律修身	宿舍、教室等场所干净整洁，文明有序；上课无瞌睡、无玩手机等现象。勤俭节约、履行"光盘行动"，杜绝就餐浪费现象	0.5	
		孝敬父母长辈（每学期主动给父母长辈洗脚、剪指甲，在家主动干家务活等不低于3次）；熟记校旗、校徽、校训的含义	0.5	
	劳动素养	每周劳动时间确保在45分钟以上，每学年不低于15周计0.5学分，总学分1学分，通过专题教育，培养劳动精神、劳模精神、工匠精神	1	
	社会实践	能够进行1次社会实践调查并撰写1份社会实践调查报告或总结	1	必修
身心素质提升（3学分）	心理健康	新生入学心理测试合格	0.5	
	身体素质	符合国家关于大学生身体素质规定的标准并测试合格	0.5	
	阳光运动	具有一项体育特长或参加一个体育社团（组织含运动队）	0.5	
		参加学校组织的早操等阳光运动，每周不少于2次，每次不少于30分钟	0.5	
	军事训练	在完成新生入学军训的基础上，在校期间参加学校组织的日常军训活动，每周不少于2个学时，努力做到站如松、行如风、坐如钟，具有团队精神	1	

续表

素质拓展标准模块	素质拓展观测点	具体要求和标准内容	学分	备注
创业创新与学科竞赛（2学分）	创业创新	自主创业或参与团体创业，公司运行良好，符合基本规范	0.5	
		参与创新活动或取得科学研究成果	0.5	
	学科竞赛	参与各级别的学科竞赛，获得奖励或者名次，或参加各级别的专业技能竞赛，获得奖项或者名次	1	
自主学习能力提升（1学分）	书香校园活动	每学期至少完成4本文学或者专业参考书籍的阅读，至少撰写1篇读书报告，统一报送图书馆	1	
合计			18	

（3）本科生取得超过10学分为合格、11~12学分为良好、13学分及其以上为优秀；专科生取得超过8学分为合格、9~10学分为良好、11学分及其以上为优秀。

（4）该标准的实施内容、考核和评定过程与人才培养方案规定的教学进度过程和环节同步，部分内容可适当提前或者调整，根据学生的专业课程学习成绩，将学生的专业评定成绩分为合格、良好、优秀三个等级；结合学生素质拓展学分成绩，学生综合素质总评（专业评定成绩＋素质拓展学分成绩）为合格、良好、优秀三个等级，同时对优秀者颁发荣誉证书，作为评优评先、奖学金评定、就业推荐等重要依据。

（5）该标准在相对稳定的基础上，内容应与时俱进，符合国家政策导向，服务地方经济社会发展，符合校情；在教育教学实践中接受检验，在人才培养过程中得到进一步修改和完善。

（6）本标准由学生处、校团委牵头，各二级学院（系部）具体负责落实，由辅导员、班主任具体操作，在实施过程中，各相关部门应安排专门人员负责具体工作，确保工作及时推进。

（7）根据本标准，学生处、校团委制作《黄河交通学院学生素质拓展与考核标准手册》，在新生入学时随《学生手册》一并发放，用于记录学生在校期间的素质拓展与考核成绩。

五、其他

本标准适用于我校全体本科生、专科生。

本标准自2022年9月1日起开始实施。

黄河交通学院关于扩大院（系、部）事权的实施细则

为进一步推进校院（系、部）两级管理体制改革，完善院（系、部）办学主体地位，激发院（系、部）发展活力，促进学校高质量发展，依据《黄河交通学院关于扩大院（系、部）事权的实施方案（试行）》，制定本实施细则。其详情，可参考该实施细则后的附件：黄河交通学院扩大院（系、部）教学事权程序。

一、发展改革与规划事权

（一）组织机构、职责

各院（系、部）成立"十四五"事业发展规划编制工作领导小组，组长由院（系、部）党委书记、院长（主任）担任，副组长由主管教学工作的副院长（副主任）担任，抽调专门人员，明确责任、细化分工。

主要职责：

（1）编制、实施院（系、部）"十四五"发展规划；

（2）坚持科学、民主程序，汇集专家、教授和师生意见；

（3）组织开展院（系、部）中期评估与有关指标的调整；

（4）建立实施"规划任务"分解和工作进度台账。

（二）工作程序

各院（系、部）发展规划领导小组根据和各专项规划的基本内容和指标，制定本学院（系、部）规划。程序如下：调查及收集相关指标→起草→民主讨论→提交院（系、部）发展规划编制工作领导小组研讨→形成审议稿→民主讨论→提交院（系、部）党政联席会审议通过→在院（系、部）公示→报发展改革与规划处备案。

（三）保障措施

（1）根据学校年度部门经费预算，做好规划编制、执行经费预算保障；

（2）明确职责，责任到人，及时做好规划指标的评估、调整；

（3）接受师生监督，规划的编制、执行情况列入年度考核。

二、财务管理事权

（一）明确专人管理

为了服务院（系、部）教学经费的管理，财务处将明确1~2人为院（系、部）经费报销会计，具体负责各教学单位经费的报销与监督，建立学校财务联络员群，加强与各部门的联系与沟通，及时了解和掌握部门预算资金的使用管理，适时对财务联络员进行财务专业培训，努力提高他们管理部门资金的业务能力，确保部门预算资金运行顺畅，规范使用。

（二）完善规章制度

一是不断完善学校规章制度，使部门经费的管理和使用有法可依，有章可循；二是逐步建立和完善监督机制，加强对部门预算资金的管理和使用；三是充分发挥部门财务联络员的作用，认真学习和宣传贯彻国家财务法规，落实学校规章制度；四是尽快出台财务预算绩效管理方案，实行预算绩效管理，提高资金使用效益。

（三）工作程序

业务经办人应按规定取得合法、合规的原始凭据，按要求填制《费用报销单》或《差旅费用报销单》，并按事权改革后的规定流程审批后，方可办理报销业务。

（1）预算内经费审批：

5 000元以下（不含5 000元）：经办人（或领款人）按要求粘贴票据、填写费用报销单并签字→部门负责人审核签字→分管校领导审批。

5 000~30 000元（不含30 000元）：经办人（或领款人）按要求粘贴票据、填写费用报销单并签字→部门负责人审核签字→分管校领导审核签字→校长审批。

30 000元及其以上报校长办公会研究审批→报理事会统计。

（2）教学、科研项目等专项资金的使用，按上述审批程序审批→项目管理部门备案。

（四）建立工作台账

财务处每月统计各单位预算明细项目累计执行情况；每月统计各单位项目预算资金执行情况；每半月统计教学日常运行支出情况。

（五）建立监督保障机制

部门经费按照"量入为出、收支平衡、统筹兼顾、突出重点"的原则，实行定额包干、动态管理、超支不补、结余留用的管理办法。各部门要精打细算，勤俭节约，合理规划，专款专用，杜绝不合理支出，定期对本部门经费的使用管理情况进行公示，接受学校管理部门和教职工的监督，并通过本部门财务联络员及时总结和反馈资金使用过程中的经验和问题，管好用好部门经费，切实发挥部门经费的使用效益。

三、人事管理事权

（一）培训事权

各院（系、部）根据学校师资队伍建设规划，选拔本单位教师参加校内、外的各类培训项目，（在人事处统一下达的年度预算师资培训费范围内）制订本单位培训计划，报人事处（教师发展中心）备案。

培训费用5 000元以下的由受训人或部门提出培训申请，部门负责人、分管校领导审批，报人事处（教师发展中心）备案。

培训费用5 000~30 000元，还需校长审批后报人事处（教师发展中心）备案。

培训费用30 000元以上的培训项目，另需由分管校长提交校长办公会讨论通过后报理事会批准，完成审批流程后，由培训组织部门将材料报人事处（教师发展中心）备案。

外出培训需将培训协议及培训材料提交至钉钉审批，审批通过后执行。

（二）内设机构设置权

根据各院（系、部）发展需要，在学校核定的机构数额内，部门主管校领导审批，报请人事处备案，有权自主设置、调整、变更本院（系、部）的教学、科研等内设机构名称。

（三）院（系、部）岗位管理权限

院（系、部）按照学校核定的人员编制数和岗位聘任要求，在已被学校录用的正式教职工范围内，有权决定本院（系、部）普通岗位的聘任人选，部门内设的普通岗位人选须经本院（系、部）研究决定，报分管校领导审批后，交人事处备案；对拒不履行岗位职责，或对岗位不胜任者，有权解聘或建议学校予以解聘，需由部门研究决定后，报分管校领导批准。

院（系、部）负责本部门普通岗位人员考核，根据学校考核规定由各部门负责组织本部门普通人员考核，考核结果报相关部门审核，教师及教学管理岗由教务处审核，辅导员岗由学生处审核后，报人事处备案。

中层干部的考核由学校组织，中层干部的任免由学校研究决定，院（系、部）对中层副职人选有提名、推荐和调配建议权。

（四）人才引进权

根据学校师资队伍建设规划和本院（系、部）发展需要，由用人部门制订人才引进计划，对岗位提出招聘要求，由部门主管校领导及人事主管校领导审批后，报人事处备案，由人事处发布招聘信息；获取符合招聘要求的简历后，人事处将筛选符合条件人选推送至用人部门组织试讲，试讲通过后由用人部门填写《黄河交通学院录用人员审批表》，由人事处组织相关部门进行面试，面试通过人选由人事处报请人事主管校领导审批。

（五）绩效工资分配权

在符合学校教职工年度绩效工资分配原则下，根据本院（系、部）实际情况制定本部门教职工绩效工资分配方案和奖惩办法，报人事处备案同意后，有权对本院（系、部）教职工的绩效工资实施二次分配。

四、科研管理事权

（一）工作职责

1. 科研处职责：
（1）负责制定学校科研工作中长期发展规划、年度计划和规章制度；
（2）负责组织申报各类科研项目，培育和组织重大科技项目，促成重大科技成果，争取项目资源；
（3）负责规划与审批学校校级科研项目，管理市级以上（含市级）科研平台；
（4）负责鉴定、登记、管理科研成果，组织推荐各级各类科研成果奖励；
（5）负责管理专利申请及知识产权保护事宜；
（6）负责处理校内知识产权纠纷；
（7）负责科研经费的登记管理工作；
（8）负责组织科研人员进行科技成果转化，审查技术转让项目与合同；
（9）负责组织科技咨询、科技开发与科技推广；
（10）负责培育孵化校级重点学科；
（11）负责规划、建设学校科研队伍；
（12）负责组织全校学术活动；

（13）负责学术规范及学术道德建设与宣传。

2. 院（系、部）职责：

（1）负责制定本院（系、部）科研工作规划与年度计划；

（2）负责组织申报各类科研项目；

（3）负责本院（系、部）各类科研项目的过程管理；

（4）负责协助组织专利申请和知识产权保护事宜；

（5）负责协助处理知识产权纠纷；

（6）负责各级各类项目、成果奖励的推荐申报和材料初审；

（7）负责本院（系、部）科研档案和科研保密的管理工作；

（8）负责协助组织科技人员进行科技成果转化，审查技术转让项目与合同；

（9）负责参与组织科技咨询、科技开发与科技推广；

（10）负责规划、建设本院（系、部）的科研队伍；

（11）负责组织本院（系、部）的学术活动；

（12）负责学术规范及学术道德的建设与宣传；

（13）负责本院（系、部）科研机构的管理，协调管理挂靠在本院（系、部）的科研平台。

（二）院（系、部）管理运行

1. 制度方面：

各院（系、部）应依据学校相关制度，结合院（系、部）实际，制定和完善本单位的科研管理系列制度。

2. 工作计划、总结方面：

各院（系、部）在进行广泛调研和论证的基础上，结合科研处规划以及年度计划，制定本单位科研规划、年度科研工作计划，总结年度科研工作，报科研处备案。

3. 名额分配方面：

各院（系、部）根据学校的安排以及推荐名额分配，积极组织各级各类科研项目的申报工作，各级各类项目应由各二级院（系）组织评审后自行推荐，报科研处备案。

4. 科研经费方面：

各院（系、部）应协助学校加强对科研经费的管理，做到专款专用，每用一笔经费须向科研处备案。

5. 项目、专利方面：

各院（系、部）应积极组织各类课题、科研成果奖励、发明专利申报、结项工作，相关过程材料各院（系、部）应进行严格审核后报科研处，并做好记录备案。

6. 科研团队方面：

各院（系、部）应负责对挂靠本院系的科研机构进行工作指导和日常管理；同时围绕本院（系、部）学科专业建设和科研发展方向，打造科研团队，积极培育高级别科研项目。

7. 科研工作量方面：

各院（系、部）应按学校要求对所在部门教职工的科研工作进行量化计分，以便学校进行集中审核。

8. 学术交流方面：

各院（系、部）应加强对内对外学术和科研工作交流活动，按要求进行申报备案并如期进行。

9. 科研宣传方面：

各院（系、部）应结合本院系实际，积极宣传和贯彻落实学校的科研管理政策，并将对科研管理工作的意见和建议反馈学校科研处，以改进科研管理工作，增强科研政策的可操作性。

10. 学术道德方面：

各院（系、部）应加强学术道德的建设与宣传，使广大教师不断规范学术行为，加强知识产权保护，并协助学校处理知识产权纠纷。

11. 项目变更方面：

项目在研期间，项目负责人因调离我校、退休或其他原因，无法继续负责项目的研究任务，各院（系、部）应及时报告科研处，申请撤项或变更项目负责人，以保证项目的顺利进行。

12. 科研档案管理方面：

各院（系、部）应做好本单位各类科研基础数据统计工作（各级各类科研项目申报、立项及结题情况，科研成果发表和发明专利申报情况，学术活动开展情况等）和档案（各级各类科研项目申报材料、立项通知、合同、协议、结题材料，科研成果复印件，学术活动记录等）的管理工作。

（三）保障与考核措施

1. 各院（系、部）应对本单位承担的各级各类科研项目提供人、财、物等方面的支持，为项目研究的顺利进行提供后勤保障。

2. 各院（系、部）负责对本单位科研项目的过程管理，加强对项目研究的检查与督促工作，及时掌握项目研究情况，并帮助解决存在的问题，以确保项目顺利实施和按期结题，提供组织保障。

3. 对各院（系、部）自然年的科研考核根据黄交院〔2018〕86号"关于印发《黄河交通学院科研量化考核管理办法》的通知"文件进行考核。科研处负责部门和个人科研考核结果的审核与确认并报学校领导及相关部门。

4. 完成基础考核量（各单位每年科研计划任务）对应的项目为合格，未完成基础考核量为不合格，若超额完成考核量，按照超额完成考核量的情况来界定良好、优秀等级，其超额量 = (净超额量/基础考核量) × 100%。

5. 根据量化考核结果评定出考核等级，对于年度获得优秀、良好、合格考核等级的院（系、部）给予适当的奖励。对于年度不合格考核等级的院（系、部），年度考核不能评优。

6. 各院（系、部）科研工作管理情况将纳入学校评优评先考核范畴，考核成绩将作为全校先进单位评比评选依据。

五、教务管理事权

（一）工作职责

1. 教务处职责：

（1）负责将教学事权下放要求传达至教务处全员，要求各岗位要主动、尽快下放事权，定期自查自纠，并对事权下放情况进行总结反馈；

（2）负责各事权下放模块要指定专人负责对接院、系、部，建立台账，制定反馈整改机制。

2. 院（系、部）职责：

（1）负责明确专业发展规划负责人（院长/主任）；

（2）负责明确课程建设负责人（副院长/副主任）根据课程建设工作相关要求，自行开展校内相应课程的建设；

（3）负责明确课程考核改革负责人（副院长/副主任、教研室主任）；

（4）负责明确调（停）课负责人（副院长/副主任、教研室主任）；

（5）负责明确教学工作量核算负责人（教学秘书、教研室主任）；

（6）负责明确日常教学材料、试卷等材料的申请、印制负责人（教学秘书、教研室主任）；

（7）负责明确专业带头人的聘任负责人（院长/主任）；

（8）负责明确新进、青年教职工教学能力水平考核（副院长/副主任、教研室主任）；

（9）负责明确教学计划编制负责人（副院长/副主任、教研室主任、教学秘书）；

（10）负责明确优秀毕业设计（论文）的评选负责人（副院长/副主任、教研室主任、教学秘书）；

（11）负责明确教材征订负责人（教学秘书、教研室主任）；

（12）负责建立部门事权下放事宜工作台账；

（二）工作程序

在以上前 12 条下放的事权中，将由"教务处审批"的权限取消，更改为仅需"向教务处备案"，教务处对下放的事权工作进行宏观指导和检查监督。

（三）保障措施

1. 建立教学事权下放联络员机制（原则上为教学秘书），收集意见及建议，做好服务保障；

2. 明确职责，责任到人，做好组织保障；

3. 接受师生监督，教务事权改革下放的执行情况列入年度考核。

六、资产管理事权

（一）工作职责

1. 后勤与资产处职责：

（1）负责统一配置、采购各类固定资产和物资；

（2）负责保证所采购物资质量，做到常用物资要备足，非常用物资购买要及时，为各院（系、部）做好物资保障和服务；

（3）负责对各院（系、部）所领用固定资产做好严格管理，建立台账，做到账、卡、物三对照。

2. 院（系、部）职责：

（1）各院（系、部）需明确专门资产管理员，负责物资领用和记账，资产若有变动要及时进行信息变更登记并上报后勤资产处。

（2）各院（系、部）要按照年初财务预算的各种费用指标合理使用，各项支出均不能超出当年预算。确有特殊需要，超出预算部分报理事会审批。

（二）工作程序

1. 固定资产采购及领用流程：院（系、部）资产管理员发起→院（系、部）领导审批→后勤资产处登记备案→后勤资产处领导签字→物资采购及发放。

2. 低值易耗品领用流程：院（系、部）资产管理员发起→院（系、部）领导审批→后勤资产处领导签字→仓库登记及物资发放。

（三）保障措施

1. 建立资产管理事权下放联络员机制，收集意见及建议，做好服务保障；

2. 明确职责，责任到人，做好组织保障；

3. 接受学校和师生监督。

七、校企合作事权

（一）工作职责

1. 校地合作处职责：

（1）负责服务各院（系、部）校企合作事宜；

（2）负责对各院（系、部）校企合作监督和检查。

2. 院（系、部）职责：

（1）负责本院（系、部）校企合作组织机构的建立；

（2）负责制定本院（系、部）校企合作合同、协议起草工作；

（3）负责本院（系、部）校企合作进展跟踪情况工作；

（4）负责建立本院（系、部）校企合作工作台账；

（5）接受学校监督和检查。

（二）工作程序

各院（系、部）开展交流活动→拟定合作文本→法律与制度办公室审核→签订合同→校地合作办公室备案→各院（系、部）落实实施→各院（系、部）公示。

（三）保障措施

1. 建立校企合作、产教融合联络员机制（原则上为就业干事），收集各单位的意见及建议，做好服务保障；

2. 根据学校年度部门经费预算，做好校企合作执行经费预算保障；

3. 明确职责，责任到人，做好组织保障；

4. 接受师生监督，校企合作、产教融合工作开展情况列入年度考核。

附件

黄河交通学院扩大院（系、部）教学事权程序

序号	教务业务事权名称	联络负责人	配套制度	审批流程	工作台账	督导、反馈、整改	备注
1	根据学校教育事业发展规划和学科、专业发展规划，学院（系、部）自行根据需要申报、调整确定专业	李翰雄	《黄河交通学院专业建设管理办法》（黄交院教学[2021]16号）	二级学院内确定专业申报、调整→学院（系、部）负责人签字盖章→报送教务处备案→学院公示	每年统计专业调整	无	
2	根据课程建设工作相关要求，自行开展校内相应课程的建设	王月	黄河交通学院一流课程建设实施方案（黄交院教学[2020]17号）	二级学院内推选一流课程项目→学院（系、部）负责人签字盖章→报送教务处备案→学院公示	每天统计课程建设情况	无	
3	按照《黄河交通学院关于进一步深化课程考核改革的意见》，可自行开展课程考核方式方法改革，由需"教务处审批"，改为由"教务处备案"	薛巧红	黄河交通学院关于进一步深化课程考核改革的意见（黄交院教学[2020]19号）；黄河交通学院课程考核管理办法	教师申请→教研室主任审批→教学院长、主任（副院长、副主任）审批→（备案）相关部门抄送（院部教学秘书、教务处、教评中心）→学院公示	钉钉已有审批事项	对多个任课教师带同一门课程的考核改革必须一致	依据人才培养方案考核方式不变，考核形式任课教师自行确定

续表

序号	教务业务事权名称	联络负责人	配套制度	审批流程	工作台账	督导、反馈、整改	备注
4	日常教学中的调(停)课手续办理,由需"教务处办理,改为由"教务处审批",备案"	陈彬韬	黄河交通学院调(停)课管理办法(黄交院教学[2020]46号)	教师申请→教研室主任审批→教学院长、副主任(副院长、副主任)审批→抄送(备案)相关部门(院部教学秘书、教务处、教评中心)→学院公示	每周统计、汇总,并对调课量进行排序	对调课量高、调课理由不充分的学院和教师进行通报	
5	教学工作量的核算按照学校有关制度规定,自行核算,仅需向"教务处"备案"	陈彬韬	黄交院教学[2020]45号关于印发黄河交通学院教学工作量计算办法	教务处负责制作相关表格→由任课教师自行填写→教研室主任进行审核→汇总至教学院(系、部)教学负责人、主管校长签字→复印件送教务处备案,原件送人事处→学院公示	下学期树维教务系统投入使用后,输入相关数据,可以由系统自动生成报表	无	
6	日常教学材料、试卷等材料的申请,印制由二级学院(系、部)自行按需申购	尼佩	黄河交通学院试题(卷)库建设管理办法(试行);低值易耗采购要求	日常教学院申请由学院自行印刷申请→印刷申请→印制科目和数量审批→抄送教务处备案→学院公示	无	对试卷印刷错误、重复印刷进行汇总通报	

续表

序号	教务业务事权名称	联络负责人	配套制度	审批流程	工作台账	督导、反馈、整改	备注
7	专业带头人的聘任，仅需向教务处备案	李蔚辉	《黄河交通学院专业带头人遴选与管理办法》（校内文[2020]26号）	教研室主任推荐→教学院长审批→教务处备案→学院公示	每年度对各学院专业带头人进行确认	对于更换专业带头人的教研室，要及时更新聘任材料，按照相关流程向教务处备案	
8	新进、青年教职工教学能力水平考核，仅需向教务处备案	马雯庆	《黄河交通学院教师教学工作年度考评办法》（黄交院教学[2020]25号）	教师自评→教研室主任审核→教学院长审批→教务处备案→学院公示	每年年底进行考核	教学能力水平考核分数不合格的教职工，取消本年度评优评先资格	
9	教务系统内教学计划和教学任务的设置，按照培养方案的要求，自行编排专业课的课程。公共课类课的编排由教务处负责	陈彬韬	无	在目前有排课要求教师过多的情况下，为避免做无用功，建议先排专业类课程，再排公共类课。各教学单位排各自承担的教务处仅排合班课	无	无	

续表

序号	教务业务事权名称	联络负责人	配套制度	审批流程	工作台账	督导、反馈、整改	备注
10	优秀毕业设计（论文）的评选由学院（系、部）按照文件要求自行组织，教务处备案，直接予以认定	暨豪杰	《黄河交通学院本科毕业设计（论文）管理办法》（黄交院教学〔2021〕11号）；《黄河交通学院本科毕业论文（设计）评价办法（试行）》（黄交院教学〔2021〕24号）	二级学院根据相关文件所规定的比例和评价标准确定毕业设计成果→报教务处备案→学院公示	每年6月底进行优秀毕业论文评选和统计工作	无	
11	在符合学校教学教材选用征订、发放与管理制度原则下，学院（系、部）自主调整、征订适用教材	尼佩	黄河交通学院教材建设与管理办法（黄交院教学〔2020〕44号）	二级学院根据教材建设管理办法，自主选定教材选用（优先选用马克思主义理论研究和建设工程教材、省部级规划教材、联盟教材、自编教材等）	汇总教材选用登记情况，抽查选用情况	对于不符合要求的教材提出整改意见	

黄河交通学院关于推进产业学院建设的意见

为深入贯彻落实《国务院办公厅关于深化产教融合的若干意见》（国办发〔2017〕95号）、《教育部工业和信息化部中国工程院关于加快建设发展新工科实施卓越工程师教育培养计划2.0的意见》（教高〔2018〕3号）、《河南省人民政府办公厅关于深化产教融合的实施意见》（豫政办〔2018〕47号）等文件精神，依据教育部、工业和信息化部研究制定的《现代产业学院建设指南（试行）》有关要求，引导我校专业建设主动面向区域、面向产业办学，深化教学改革和人才培养供给侧结构性改革，促进我校教育链、人才链与产业链、创新链有机衔接，打造"产教融合"和"专创融合"特色品牌，现就推进我校产业学院建设提出如下意见。

一、指导思想

以习近平新时代中国特色社会主义思想为指导，深入贯彻党的十九大和十九届二中、三中、四中、五中全会精神，贯彻落实全国教育大会精神和《中国教育现代化2035》，以立德树人为根本任务，以学生发展为中心，突破传统路径依赖，充分发挥产业优势，发挥企业重要教育主体作用，深化产教融合、校企合作、校地合作，探索符合我校专业建设的产业学院办学模式，加快人才培养结构调整和教育教学改革，构建产教全方位全过程深度融合的协同育人长效机制，促进教育和产业有机联动、创新发展，推动我校教育教学水平高质量快速发展，为服务地方和区域经济培养高素质应用型人才。

二、组织机构

为推进我校产业学院建设，加强组织领导，成立黄河交通学院产业学院建设指导委员会，机构设置如下：

主　任：王裕清　原永宏
副主任：仇正锋　李洪涛　胡世雄　许青云　樊豫陇
　　　　王全升　王元福　潘庆才　张　鹏
委　员：贾宗璞　汤迪操　杨　力　李文武　温少挺
　　　　周小学　王少英　和松灿　余发山　任小中
　　　　刘绍堂　李柏生　易宏军　陈兴义

下设秘书处（与校地合作办公室合署办公），设秘书一名。
秘　书：张　亮

三、建设目标

在我校"十四五"期间，根据区域经济发展要求，结合学科专业建设，建成5~8个产业学院。探索产业链、创新链、教育链有效衔接机制，建立新型信息、人才、技术与物质资源共享机制，完善产教融合协同育人机制，创新企业兼职教师评聘机制，构建教育教学与产业集群联动发展机制，打造融人才培养、科学研究、技术创新、企业服务、学生创业等功能于一体的人才培养实体，培养一批未来行业领军人物和高素质应用型人才。

四、建设原则

产业学院建设必须坚持"育人为本、服务产业、融合发展、共建共管"的原则。

（一）育人为本

产业学院建设各项工作必须以立德树人为根本，紧紧围绕人才培养的中心任务展开。通过产业学院建设，推动学校人才培养供给与产业链需求紧密对接，培养和造就符合行业发展需要的高素质应用型专门人才，支撑和引领产业发展。

（二）服务产业

产业学院建设必须选准具体服务的产业链、创新链，精确分析我校学科专业与产业链、创新链的对应关系，突出我校比较优势，明确服务定位和发展方向。引导各专业建设主动面向区域、面向行业、面向产业，促进教育链、人才链与产业链、创新链有机衔接，构建产教深度融合，多方互利共赢、共同发展的长效机制，打造产学研转创用合作共建的转型教育共同体。

（三）融合发展

产业学院必须将应用型人才培养、"双师双能型"教师专业化发展、实训实习实践、学生创新创业、科研成果转化、产品研发等功能有机融入，打造集产、学、研、转、创、用一体，互利、互动、多赢的实体性教育创新平台。通过产业学院建设，全面落实合作办学、合作育人、合作共建、合作研发、合作管理、合作就业、合作服务、合作创新、合作转化、合作发展的"十个合作"开放式办学模式。

（四）共建共管

产业学院建设将充分发挥学校与地方政府、行业协会、企业机构等双方、多方的办学主体作用，共同制定培养方案、共同开发课程体系、共同确定培养标准、共同开发教材讲义、共同组建教学团队、共同建设实验实训基地、共同实施培养过程、共同评价培养质量、共同推进成果转化、共同带动创新创业的"十个共同"优化应用型人才培养模式，培养一大批行业高素质创新型、应用型、技术技能型人才，充分发挥区域示范引领作用，促进资源与成果共建共享。

五、建设任务

学校鼓励各教学单位根据总体目标和建设原则，牵头或协同创建产业学院。各单位可根据行业产业需求，联合行业协会或龙头企业，整合相关学科专业教师、科研团队、教学科研平台资源，共建产业学院，建设内容包括：

（一）打造优势特色专业

根据战略新兴产业发展趋势，依托产业学院与企业合作建设产业急需紧缺学科专业；深化专业建设内涵，突出产业导向和应用导向，推进新工科与经济、管理、法学学科的交叉融合，着力将传统专业建设成为应用型优势专业；按照行业和产业链最新发展，探索建设新型应用型本科专业和人才培养模式；探索与企业合作成立专业建设指导委员会，利用行业标准和企业资源积极开展专业认证，提高专业建设标准化、国际化水平。

（二）创新人才培养模式

按照"产教融合、专业对接、课程衔接"的思路，实行专业、产业、企业"多元"培养制度。依托产业学院创新人才培养方案、培养标准、课程、教学内容、考核评价、平台建设、项目设计和师资建设；校企双方共同建设一批典型工作任务导向、模块化课程，推行面向企业真实生产环境的任务式培养模式；探索创新创业教育改革，培养学生创新精神、创业意识和创新创业能力，产出一批创业精英人才。

（三）构建一体化实践实训平台

以"引企驻校、引校进企、校企一体"等方式，依托产业学院吸引优势企业与学校共建共享生产性实习实训基地。以企业发展需求为核心，通过产业学院设计开发平台、项目、设备。提供适合的大学生社会实践和实习经费、实习岗位。利用产业学院实践实训教学平台引导学生参与创新创业训练。鼓励行（企）业将技术革新项目作为大学生毕业设计（论文）的选题来源，安排行（企）业导师进行全程指导，实行真题真做，培养学生创新精神和实践动手能力。

（四）项目攻关和创新产品研发

鼓励高校和企业整合双方资源，在产业学院建设联合实验室（研发中心），发挥学校人才优势，开展企业项目联合攻关、产品技术研发、成果转化、项目孵化等工作；鼓励产业学院利用各主办方资源，向相关主管部门申报课题和经费，共同完成教学科研任务，共享研究成果；大力推动产业学院内部科教融合，以科研促教学，将研究成果及时引入教学过程，将产业学院建设成为产学研合作示范基地。

（五）建设"双师双能型"师资队伍

依托产业学院内部设立若干教师专岗，支持行业协会、企业业务骨干、技术和管理人才到高校任教；探索实施产业教师（导师）特设岗位计划，优先聘用"双师双能型"教师；开展校企导师联合授课，打造"双师双能型"教学团队；开展师资交流、研讨、培训等业务，将产业学院建设成"双师双能型"教师培养培训基地。

六、建设要求

1. 合作组建产业学院的行（企）业应具有独立法人资格，有一定的规模实力，具有良好的发展趋势及信誉，经营业务与我校学科专业基本一致，具有一定的产业覆盖力，愿意与我校合作，并提供产业资源对接。

2. 产业学院建设要与学科专业建设相结合，建设方向要符合区域经济社会和产业发展要求，并与我校人才培养定位相吻合。

3. 产业学院建设要坚持德育为先、育人为本，创新办学机制，构建产教融合的校企协同育人体系，探索产教融合的校企协同育人路径。

4. 产业学院建设要面向需求，服务产业，整合校企优质资源，搭建产学研深度合作平台，实行平台开放，资源共享。

5. 根据学校发展需要，经产业学院指导委员会评议并报理事会批准后开展建设。建设期满后，学校组织专家从组织管理架构、教育教学管理、教学资源建设、师资队伍建设、产学合作成效、人才培养成效等方面进行验收。

黄河交通学院
关于进一步突出教学工作中心地位、提高本科教学质量的意见

为深入贯彻落实新时代全国高等学校本科教育工作会议精神，加强本科教学工作，高质量推动学校内涵发展，现就进一步突出教学工作中心地位、提高本科教学质量，提出如下意见。

一、进一步突出教学工作中心地位，巩固本科教学基础地位

（一）更新思想观念，强化质量意识。全面贯彻党的教育方针，加强社会主义核心价值体系教育和中华优秀传统文化教育，把立德树人作为学校的根本任务，把教学质量作为学校的生命线，把本科教学作为立校之本，切实推进"四个回归"。确立以人才培养为中心，以适应社会需要为检验标准，坚持德育为先、育人为本的教育理念，以观念的转变带动人才培养水平的提升，走以质量提高为核心的内涵式发展道路，培养高素质应用型人才。

（二）引导师生全身心投入教学。全体教师要认真履行岗位职责，积极承担教学工作任务，参与教育教学改革，正确处理好教学和科研的关系，把主要的精力投入教学工作中去；全体学生要进一步提高学习的积极性、主动性，增强自主学习的能力，把主要的精力投入学习中去；全体管理人员要以服务教学、服务师生为宗旨，转变工作作风，把主要的精力投入教学管理工作中去。

（三）落实教学工作责任制。学校各级党政主要领导要把主要精力聚焦到提高教学质量上，带头听课、带头调查研究，亲自抓教学质量，着力解决教育教学中的难点问题。学校校长是学校教学质量的第一责任人，学院（系、部）院长（主任）是学院（系、部）教学质量的第一责任人。学校各级领导、各个部门要以教学工作为中心，增强责任意识和服务意识，建立定期专题研究教学工作的机制，及时了解教学工作的新情况，解决教学工作的新问题，把提高教学质量落到实处。

二、加快教学建设与改革，促进本科教学内涵式发展

（四）加强专业建设，优化专业结构。按照"适应需求，优化结构，注重内涵，突出特色"的专业建设思路，明确专业定位和培养目标，优化课程体系，加强素质教育，注重内涵建设，彰显专业特色。围绕区域经济社会发展和产业转型升级需求，结合学校的发展规划和实际，进一步优化专业结构与布局，实施"一流专业建设计划"；强化专业服务面向，注重服务地方经济社会发展，积极改造传统专业，适当发展新兴专业；实施专业动态调整，建立专业预警与退出机制，对第一志愿报考率、就业率低的专业进行预警、隔年招生直至撤销。

（五）强化课程建设，打造一流课程。以课程内容、教学手段、教学方法、考核体系等方面的改革为核心，充分利用信息化手段，大力开展课程建设，突出公共基础课和专业核心

课程建设，实施"一流课程建设计划"，不断提升课程教学质量。

（六）注重教材建设，锻造精品教材。结合学校办学特色和优势专业，将教材建设作为课程建设、专业建设的重要组成部分，鼓励教师编写规划教材和优秀教材；实施"精品教材建设计划"，完善教材编写、选用与评价机制，优先选用规划教材和优秀教材，确保高质量教材和最新研究成果进课堂。

（七）强力推进基层教学组织建设。教研室（实验室）承担着课堂教学和实践教学等教学任务以及专业建设、课程建设、教材建设、师资队伍建设、教学研究教学改革等工作，是学校的重要基层教学组织。学校和各学院（系、部）要高度重视基层教学组织建设，从政策、物力、财力等方面予以充分支持，力争三年内全部完成合格达标备案，同时建设一批优秀基层教学组织。

（八）着力培养学生实践能力和创新能力。实践育人是人才培养过程中较为薄弱的环节，也是提高人才培养质量的切入点和突破口，要强化实践教学环节，将实践教学贯穿于人才培养的全过程，改革与完善实践教学体系，确保各实践教学环节的学时学分；积极探索协同育人机制，加强实习实训基地建设，实施企业导师聘任制度，推进校企合作、产教融合，协同育人，提升学生的实践动手能力。搭建实践创新平台，健全创新教育体系，培养学生的创新精神；推行创新学分认定，完善校内学科竞赛制度，资助本科生参加在国际国内有影响的学科竞赛活动，不断提高学生的创新意识和创新能力。

（九）大力开展教学研究教学改革。鼓励教师积极开展课程体系、教学内容、教学方法、教学手段和实践教学改革，积极探索启发式、案例式、研讨式等互动式教学方法，积极开展过程评价与终结评价相结合的课程考核方式改革；注重教学改革与研究成果的总结，以高质量的研究成果指导教学实践，不断提高教学水平和人才培养质量。

（十）不断推进国际交流合作。以开办"国际（一带一路）应用型卓越人才培养试点班"为抓手，积极开展与国外高校本科层次的合作办学，推进国际化进程。实施"大学生国际交流学习计划"，拓宽学生的国际化视野。

三、加强师资队伍建设，促进教师教学能力提升

（十一）优化师资队伍结构，提升教师教学能力。根据学科专业建设需求，采取引进与培养相结合的方法，加强师资队伍建设，加大高层次人才的引进和培养力度，优化师资队伍结构；改革教师选聘机制，充分利用社会资源，聘用优秀教师从事教学工作；积极开展教师培训与交流工作，加强青年教师教学能力培养，健全传帮带机制，落实青年教师试讲、助课、下实验室、企业锻炼制度，全面提升青年教师的教学能力。

（十二）进一步落实教授、副教授为本科生授课制度。教授、副教授为本科生上课要作为一项基本制度，凡受聘为我校教授、副教授岗位的教师，每年至少要为本科生讲授一门课程。连续两年不讲授本科课程的，原则上不再聘任教授、副教授职务。

（十三）完善教学激励机制，加大表彰和奖励力度。建立教学科研等同机制，对教学研究项目、教学研究成果进行奖励和资助；在保留原有教学奖励项目的基础上，设立"教学质量奖"，对在本科教学工作中做出突出贡献的教师予以奖励，营造以教学为荣的良好氛围。

（十四）规范师资队伍管理机制。建立更加科学合理的人才引进、遴选、评价与淘汰机制，完善教师评聘与考核体系，引导教师全身心投入教学工作。建立督导评价、同行评价和学生评价相结合的教学质量评价机制，对于没有正当理由不完成教学任务、教学质量差的教师，在年终考核、聘期考核和专业技术职务评聘中实行一票否决。

四、加强教风学风建设，创建良好的育人环境

（十五）加强师德师风建设。坚持"有理想信念，有道德情操，有扎实学识，有仁爱之心"的好教师标准，加强师德师风教育，弘扬"为人师表，敬业奉献"的教师风范，激励广大教师爱岗敬业、从严执教、严谨治学，强化教师教书育人的责任感和使命感，形成良好的师德师风。建立健全师德考评和奖惩制度，把师德师风表现作为教师绩效考核、聘用和奖惩的首要标准，实行师德师风一票否决。

（十六）强化学风考风建设。引导学生树立正确的世界观、人生观、价值观，教育学生刻苦学习、志存高远、立志成才，培养学生正确的学习方法、学习态度，养成终身受用的良好习惯；加大对学生的法制教育、诚信教育以及心理健康教育力度，严格考试管理，严肃考场纪律，营造公平公正的考试氛围；加强学生的思想政治工作和日常管理工作，形成良好学风考风。

五、加大教学投入，完善教学保障体系建设

（十七）完善落实全员重视教学的体制机制。完善落实"校理事会重视教学，校党委保障教学，校行政倾注教学，职能部门扎实推进教学，教学院系部全力落实教学，全校师生真心搞好教学"的体制机制，真正做到人人关心教学，人人重视教学。

（十八）不断加大教学投入。确保投入教学条件建设和教学保障的资金逐年增加，重点加强教学用房、实验用房、教学实验设备、网络平台等建设，不断改善教学条件；增加教学运行经费预算，保障教学运行质量；设置教研教改专项经费，推动教学工程项目和教研教改项目的落地实施。

（十九）进一步健全教学质量保障体系。逐步建立健全以教学质量监控与评估为主线、以学院（系、部）为基础、以教师为主体的校院两级教学质量保障体系。严格执行并进一步落实校领导、职能部门负责人、学院（系、部）领导和教研室主任、教学督导员听课制度；畅通学生信息反馈渠道，把学生评价作为衡量教育教学质量的重要依据，逐步形成日常监控与重点监控相结合的管理模式。

（二十）进一步完善校内教学评估体系。以迎接本科教学工作合格评估为契机，组织开展校内专项评估或院（系、部）综合评估，建立教学质量评价的长效机制；加强教学基本状态数据库的建设，及时发布本科教学年度质量报告，促进教学整体水平和能力不断提高。

黄河交通学院立德树人提升工程实施方案

为认真贯彻落实党的十九大精神和全国教育工作会议精神，把立德树人内化到学校建设各个环节，增强立德树人使命意识，落实立德树人根本任务，培养德智体美劳全面发展的社会主义建设者和接班人，结合我校工作实际，特制定如下实施方案。

一、指导思想

坚持以习近平新时代中国特色社会主义思想为指导，全面贯彻党的教育方针，始终坚持社会主义办学方向，把以立德树人的成效作为检验学校一切工作的根本标准。把立德树人融入思想道德教育、文化知识教育、社会实践教育各环节，贯穿学科体系、教学体系、教材体系、管理体系。把社会主义核心价值观融入教育全过程，深入开展理想信念教育、爱国主义教育、中华优秀传统文化教育和革命传统教育。坚持素质教育，健全人格、锤炼意志；坚持以美育人、以文化人，加强劳动教育，引导学生崇尚劳动、尊重劳动。强化基础、突出重点、建立规范、落实责任，一体化构建内容完善、标准健全、运行科学、保障有力、成效显著的学校立德树人提升工程质量体系，形成全员全过程全方位育人格局，着力培养德智体美劳全面发展的社会主义建设者和接班人，着力培养担当民族复兴大任的时代新人。

二、基本原则

坚持育人导向，突出价值引领。全面统筹办学治校各领域、教育教学各环节、人才培养各方面的育人资源和育人力量，推动知识传授、能力培养与理想信念、价值理念、道德观念的教育有机结合，建立健全系统化立德树人提升工程长效机制。

坚持遵循规律，勇于改革创新。遵循思想政治工作规律、教书育人规律和学生成长规律，以德为先，育人为本，以师生为中心，把握师生思想特点和发展需求，优化内容供给、改进工作方法、创新工作载体，激活立德树人提升工程内生动力。

坚持问题导向，注重精准施策。聚焦重点任务、重点群体、重点领域、重点区域、薄弱环节，强化优势、补齐短板，加强分类指导、着力因材施教，着力破解立德树人提升工程中难点困惑问题，不断提高师生的获得感。

坚持协同联动，强化责任落实。加强校党委对立德树人提升工程的领导，落实主体责任，落实党委统一领导、党政齐抓共管、部门分工负责、全员协同参与的责任体系。加强督导考核，严肃追责问责，把"软指标"变成"硬约束"。

三、基本任务

立德树人提升工程要挖掘育人要素，完善育人机制，优化评价激励，强化实施保障，充分发挥课程、科研、实践、文化、网络、心理、管理、服务、资助、组织十方面工作的育人功能。

（一）统筹推进课程立德树人

1. 扎实有效做好"三进"工作

将习近平新时代中国特色社会主义思想进教材、进课堂、进师生头脑工作作为重中之重，把习近平新时代中国特色社会主义思想完整、有机地融入教学大纲，并在课时、学分、教师配备等方面做出具体安排、提出明确要求。组织广大教师通过集体备课、教研讨论等多种形式，把习近平新时代中国特色社会主义思想体现到教案中、展现在讲台上。推进学校政治理论学习制度化、规范化，强化教职工的思想理论教育。

2. 实施学校课程体系和教育教学创新计划

完善课程设置管理、课程标准和教案评价制度，推动面向全体学生开设提高思想品德、人文素养、认知能力的哲学社会科学课程。制定《思想政治理论课建设体系创新计划实施方案》，建设一支对马克思主义理论真学、真懂、真信、真用的教师队伍，培育一个推广理论联系实际、富有吸引力感染力的多种教学方法，逐步构建重点突出、载体丰富、协同创新的思想政治理论课建设体系。

3. 推动"课程思政化"改革

制定《关于加强专业教育育人工作的实施意见》，充分发挥专业课主阵地作用，形成协同育人效应。举行校内"思想政治教育教学优秀奖评选"，培育一批"学科育人示范课程"，引导教师加强课堂教学设计，充分挖掘和运用各门课程蕴含的思想政治教育元素，作为教材讲义必要章节、课堂讲授重要内容和学生考核关键知识。

4. 实施"政治理论素养提升计划"

制定《关于进一步加强教师思想政治素质建设的实施意见》，发挥专业教师课程育人的主体作用，以"学习、引导"为主线，全面提高教师思想政治素质和职业道德素质，健全课程育人管理、运行体制，将课程育人作为教师思想政治工作的重要环节，作为教学督导和教师绩效考核的重要方面，选树一批"教书育人标兵"。

5. 加强教材使用和课堂教学管理

修订学校课堂教学管理办法和教材管理办法。

（二）着力加强科研立德树人

1. 强化科研团队的思想政治要求

改进科研环节和程序，把思想价值引领贯穿选题设计、科研立项、项目研究、成果运用全过程，把思想政治表现作为组建科研团队的底线要求。

2. 改进学术评价方法

进一步完善科研评价标准，构建集教育、预防、监督、惩治于一体的学术诚信体系，治理遏制学术研究、科研成果不良倾向，在师生中开设学术规范与学术道德专题讲座。

3. 培养师生科学精神和创新意识

制定《关于加强科研育人工作的实施意见》，实施科研创新团队培育支持计划、科教协同育人计划、产学研合作协同育人计划等项目，引导师生积极参与科技创新团队和科研创新训练，及时掌握科技前沿动态，培养集体攻关、联合攻坚的团队精神和协作意识。

4. 扩大科研育人的辐射作用

选树一批"科研育人标兵"，加大优秀学术团队、先进个人的宣传教育力度。

（三）扎实推动实践立德树人

1. 建设社会实践、创业实习基地

整合校内外实践资源，拓展实践平台，依托高新技术开发区、大学科技园、城市社区、农村乡镇、工矿企业、爱国主义教育场所等，建立多种形式的社会实践、创业实习基地。

2. 统筹建好第二课堂

丰富实践内容，创新实践形式，广泛开展社会调查、生产劳动、社会公益、志愿服务、科技发明、勤工助学等社会实践活动，深入开展好大学生暑期"三下乡""志愿服务西部计划"等传统经典项目，组织参与"牢记时代使命，书写人生华章""百万师生追寻习近平总书记成长足迹""百万师生重走复兴之路""百万师生'一带一路'社会实践专项行动"等新时代社会实践精品项目，探索开展师生志愿服务评价认证。

3. 深入推进实践教学改革

分类制定实践教学标准，适度增加实践教学比重，原则上哲学社会科学类专业实践教学不少于总学分（学时）的15%，理工类专业不少于25%。

4. 加强创新创业教育

开发专门课程，健全课程体系，实施"大学生创新创业训练计划"，支持学生成立创新创业类社团。

5. 完善支持机制

推动专业课实践教学、社会实践活动、创新创业教育、志愿服务、军事训练等工作的有机融合，形成实践育人统筹推进工作格局。培育建设一批实践育人与创新创业示范基地。

（四）深入推进文化立德树人

1. 推动精神文明建设

根据学校"十三五"规划，统筹推进文明校园建设，争创"河南省文明校园"，提高黄河讲坛等文明创建品牌活动质量，提高广大师生参与文明创建的热情，营造良好的文明创建氛围。推进中华优秀传统文化教育，开展"中华经典诵读""礼敬中华优秀传统文化""戏曲进校园"等文化建设活动。挖掘革命文化的育人内涵，有效利用重大纪念日契机开展革命文化教育。开展社会主义先进文化教育，开展师生社会主义核心价值观主题教育系列活动。

2. 推进行为文化建设

大力繁荣校园文化，创新校园文化品牌，挖掘校史校风校训校歌的教育作用，建设特色校园文化。广泛开展"我的中国梦"等主题教育活动。创造一批校园文化建设的优秀成果。

3. 建设美丽校园

统筹推进校内场馆和公共空间文化环境建设工作，使校园的规划、景观、环境呈现和谐美、人本美，实现校园水、园、林、路、馆建设达到使用、审美以及教育三种功能的和谐统一。

（五）创新推动网络立德树人

1. 加强学校网络新闻宣传

充分发挥门户网站、新媒体、传统媒体作用，全方位、多层次做好新闻发布和舆论引导工作。加强对学校各级新媒体的审批和管理。建设学校校园网络新媒体矩阵，建立"学校官方、二级单位、学生组织"微矩阵宣传体系。

2. 加强学生网络素养教育

深入开展校园好网民和网络安全宣传周活动，打造"网聚青春正能量，争做校园好网民"活动品牌，引导师生增强网络安全意识，遵守网络行为规范，养成文明网络生活方式。

3. 拓展网络平台

推广大学生思想政治教育手机APP"指点"，推动学校与全国思想政治工作网、易班网和中国大学生在线共建。

4. 丰富网络内容

选树"网络文化建设精品项目"，鼓励师生创作网络文化产品，传播主旋律、弘扬正能量。开展"大学生网络文化节""网络育人优秀作品推选展示""网络文明进校园"等网络文化建设活动。

5. 优化成果评价

建立网络文化成果评价认证体系，推动将优秀网络文化成果纳入科研成果统计，作为师生评奖评优依据。

6. 培养网络力量

制定《网络评论员队伍建设的实施办法》，进一步完善网络评论员培养与培训机制，不断提高成员的政治业务素质和网上舆论引导能力。实施"校园好网民培养选树计划"，建设一支政治强、业务精、作风硬的网络工作队伍。

（六）大力促进心理立德树人

1. 加强心理健康知识教育

把心理健康教育课程纳入学校整体教学计划，依托教育部推出的《大学生心理健康》等在线课程，实现心理健康知识教育全覆盖。举办"5·25"大学生心理健康节等品牌活动，启动引导大学生关爱自我。发挥"教师发展中心"的资源优势，举办教师心理健康教育宣传周活动，提高教师的心理保健能力。充分利用网络、广播、微信公众号、APP等媒体，营造心理健康教育良好氛围。

2. 强化心理健康教育咨询服务

提高心理健康教育咨询与服务中心建设水平，按照师生比不低于1∶5 000的标准配备心理健康教育专业教师。

3. 加强预防干预

推广应用大学生心理教育信息化管理系统，提高心理健康素质测评覆盖面和科学性；建立学校、二级学院、班级、宿舍"四级"预警防控体系，完善心理危机干预工作预案，建立转介诊疗机制，提升工作前瞻性、针对性。

4. 完善心理健康教育工作保障

保证生均经费投入和心理咨询辅导专用场地面积，建设校内外心理健康教育素质拓展培养基地，争创省级"心理健康教育示范中心"。

（七）切实强化管理立德树人

1. 完善制度建设

完善学校管理体制机制，健全依法治校、管理育人制度体系，结合学校章程、校规校纪，研究梳理学校各管理岗位的育人元素，科学编制岗位说明书，明确管理育人的内容和路径，丰富完善不同岗位、不同群体公约体系，引导师生培育自觉、强化自律。

2. 构建多方协同育人的格局

落实校级领导、二级学院联系学生谈心谈话制度；加强学校教育和家庭教育、社会教育的紧密配合，建立家校互访机制、校友联谊机制，创新协同育人方式方法，通过"假期家访""家长访校日""校友会"等活动，增强协同育人实效。

3. 加强专门力量建设

思想政治工作者和党务工作者具有教师和管理人员双重身份，纳入学校人才队伍建设总体规划，完善选拔、培养、激励机制，形成一支专职为主、专兼结合、数量充足、素质优良的思政、党务教师队伍。专职思想政治工作人员和党务工作人员不低于全校师生人数的1%，二级学院至少配备1名专职组织员。按师生比不低于1∶200的比例设置专职辅导员岗位，按师生比不低于1∶350的比例设置专职思想政治理论课教师岗位。青年教师晋升高一级专业技术职务（职称），须有至少一年担任辅导员或班主任经历并考核合格。要设立学生成长导师和学业导师。推动思想政治工作队伍和党务工作队伍职业化专业化建设。思想政治工作队伍和党务工作队伍每年至少参加1次专项培训。选树一批"管理育人标兵"，引导管理干部用良好的管理模式和管理行为影响和培养学生。

4. 强化保障功能

健全依法治校评价指标体系，深入开展依法治校创建活动。

（八）不断深化服务立德树人

1. 明确服务育人职能

在后勤保障服务中，持续开展"节粮节水节电""节能宣传周"等主题教育活动，推动节约型校园建设，大力建设绿色校园，实施后勤员工素质提升计划，切实提高后勤保障水平和服务育人能力。在图书资料服务中，建设文献信息资源体系和服务体系，优化服务空间，注重用户体验，提高馆藏利用率和服务效率，开展信息素质教育，引导师生尊重和保护知识产权，维护信息安全。在医疗卫生服务中，制订健康教育教学计划，开展传染病预防、安全应急与急救等专题健康教育活动，培养师生公共卫生意识和卫生行为习惯。在安全保卫服务中，加强人防物防技防建设，全面开展安全教育，提高安保效能，培养师生安全意识和法制观念。把服务质量和育人效果作为评价服务岗位效能的依据和标准，选树一批"服务育人标兵"。

2. 加强平台建设

建设"智慧校园"，完善校园综合信息服务系统，充分满足师生学习、生活、工作中的合理需求。

（九）全面推进资助立德树人

1. 加强资助工作顶层设计

建立资助管理规范，完善勤工助学管理办法，构建资助对象、资助标准、资金分配、资金发放协调联动的精准资助工作体系。

2. 精准开展资助

建立国家资助、学校奖助、社会捐助、学生自助"四位一体"的发展型资助体系。准确认定家庭经济困难学生，健全资助认定工作机制，采用家访、大数据分析和谈心谈话等方式，合理确定认定标准，建立家庭经济困难学生档案，实施动态管理。

3. 坚持资助育人导向

在奖学金评选发放环节，全面考察学生的学习成绩、创新发展、社会实践及道德品质等方面的综合表现，培养学生奋斗精神和感恩意识。在国家助学金申请发放环节，深入开展励志教育和感恩教育，培养学生爱党爱国爱社会主义意识。在国家助学贷款办理过程中，深入开展诚信教育和金融常识教育，培养学生法律意识、风险防范意识和契约精神。在勤工助学活动开展环节，着力培养学生自强不息、创新创业的进取精神。在就业、应征入伍学费补偿贷款代偿等工作环节中，培育学生树立正确的成才观和就业观。

4. 创新资助育人形式

结合实际开展"发展型资助的育人行动计划""家庭经济困难学生能力素养培育计划"，开展"助学·筑梦·铸人""诚信校园行"等主题教育活动，适时组织国家奖学金获奖学生担任"学生资助宣传大使"。

（十）积极优化组织立德树人

1. 发挥基层党组织的育人保障功能

推动学校各党总支、党支部自觉担负起管党治党、办学治校、育人育才的主体责任。全面开展党总支书记抓基层党建述职评议工作，做好迎接高校基层党组织专项评估的各项准备工作。实施教师党支部书记"双带头人"培育工程，巩固深化"不忘初心、牢记使命"主题教育成果，培育建设"基层党组织建设示范点"，以点带面，在全校范围内全面铺开基层党组织建设工作；创建网上党建园地；推选展示一批党的建设优秀工作案例。

2. 发挥各类群团组织的育人纽带功能

着力推进学校各类群团的组织创新和工作创新。积极推进"班团一体化"建设、智慧团建等工作。充分发挥教研室、学术梯队在师生成长中的凝聚与引导作用。

四、立德树人提升工程攻坚任务及时间安排

综合分析学校立德树人提升工程攻坚实际，抓好"一个重点、两项改革、五个关键"，力求在"三全"立德树人上求提升、协同立德树人上求创新、教书立德树人上求深入、增强立德树人实效上求突破，2021年建成立德树人提升工程十大育人体系完善的思想政治工作大格局，达到全面提升学校思想政治工作质量的目标。

（一）抓住一个重点：开展习近平新时代中国特色社会主义思想和十九大精神"三进"工作

牵头单位：党委宣传部、学工部、教务处、马克思主义学院

内容安排：2021年"进教材、进课堂、进头脑"工作取得显性成果，实现习近平新时代中国特色社会主义思想专题化教学课堂全覆盖，打造学习习近平新时代中国特色社会主义思想的活动品牌等。

（二）推进两项改革

1. 推动课程思政化改革

牵头单位：教务处、二级学院

内容安排：2020年培育试点课程，2021年全面实现课程思政化。

2. 深化思想政治理论课教学改革

牵头单位：马克思主义学院

内容安排：2020年全面落实学校思想政治理论课建设体系创新计划；2020年推进授课模式和教学方法改革，探索对分课堂、慕课等教学模式，建设精彩教学课件、精彩教学案例和教学资源库；2021年建设省级示范课程。

（三）抓好五个关键

1. 提升教师思想政治素养

牵头单位：党委宣传部、人事处

内容安排：2020年开始实施教师"政治理论素养提升计划"，2021年教师思想政治素养显著提升。

2. 专门力量建设

牵头单位：党委组织部、党委宣传部、人事处、学工部

内容安排：2020年将思想政治工作队伍和党务工作队伍纳入学校人才队伍建设总体规划。2020年推动思想政治工作队伍和党务工作队伍职业化专业化建设。2021年达到专职思想政治工作人员和党务工作人员不低于全校师生人数的1%，按师生比不低于1∶200的比例设置专职辅导员岗位，按师生比不低于1∶350的比例设置专职思想政治理论课教师岗位。

3. 加强心理立德树人

牵头单位：学工部、学生工作处

内容安排：2020年推广应用《中国大学生心理健康筛查量表》"中国大学生心理健康网络测评系统"，建立学校、二级学院、班级、宿舍"四级"预警防控体系，完善心理危机干预工作预案，2021年达到按照师生比不低于1∶5 000配备心理健康教育专业教师，积极创建省级"心理健康教育示范中心"。

4. 创新学生立德树人工作方式方法

牵头单位：党政办公室、组织部、学工部、招生就业办公室

内容安排：2020年深入推进校级领导联系学生谈心谈话制度、开展二级学院领导联系学生谈心谈话制度、上党课制度；实施"班主任"制度；建立家校互访机制；2020年建立校友联谊机制，通过"假期家访""家长访校日""校友会"等活动，增强协同育人实效。

5. 选树典型

牵头单位：党政办公室、党委宣传部、人事处

内容安排：积极选树在教书立德树人、科研立德树人、管理立德树人、服务立德树人等方面的先进典型，大力弘扬高尚师德，广泛宣传先进典型事迹，激发教师、管理人员敬业爱岗的积极性，发挥先进典型引领作用，形成长效激励机制。

五、实施保障

1. 加强组织领导

学校对立德树人提升工程攻坚战进行总体统筹、组织协调、督导推动和检查考核。完善党委统一领导、党政齐抓共管、专兼职队伍相结合以及校内外紧密配合、学生自我教育的全员全过程全方位育人的工作机制，构建以"十大育人体系"为内容的一体化立德树人工作质量体系。

2. 突出创新驱动

按照"在三全立德树人上求提升、协同立德树人上求创新、教书立德树人上求深入、增强立德树人实效上求突破，构建立德树人工作大格局"的工作思路，统筹推动"课程思政化改革"试点课程培育、思想政治理论课创新、学生思想政治工作方式方法创新。

3. 建强工作队伍

推动中央关于高校思想政治工作队伍和党务工作队伍建设的政策要求和量化指标落地。设立思想政治工作研究课题专项经费，提高思想政治工作研究质量与水平。开展思想政治工作队伍专项培训，培育一批"思想政治工作优秀品牌"。

4. 健全责任机制

各级党组织负责人为本单位立德树人提升工程第一责任人，按照"党政同责"的原则，各部门行政负责人对立德树人提升工程负主要责任。把立德树人提升工程作为各级党组织和党员干部工作考核的重要内容。要结合实际，将《实施方案》纳入部门整体发展规划和年度工作计划，狠抓落实，完成立德树人根本任务。

中共黄河交通学院委员会、黄河交通学院关于加强和改进师德师风建设的意见

为进一步加强学校师德师风建设，引导全校教师做有理想信念、有道德情操、有扎实学识、有仁爱之心的"四有"好老师，切实提高广大教师的师德修养，增强立德树人的使命感和责任感，造就一支师德高尚、充满活力的高素质教师队伍，根据《中共中央国务院关于全面深化新时代教师队伍建设改革的意见》（中发〔2018〕4号）、《教育部关于加快建设高水平本科教育全面提高人才培养能力的意见》（教高〔2018〕2号）、《教育部关于深化本科教育教学改革全面提高人才培养质量的意见》（教高〔2019〕6号）、《教育部关于建立健全高校师德建设长效机制的意见》（教师〔2014〕10号）等文件精神，结合学校实际，制定本意见。

一、指导思想

以习近平新时代中国特色社会主义思想为指导，深入学习贯彻习近平总书记关于教育的重要论述和全国、全省教育大会精神，把立德树人的成效作为检验学校一切工作的根本标准，把师德师风作为评价教师队伍素质的第一标准，将社会主义核心价值观贯穿师德师风建设全过程，严格制度规定，强化日常教育督导，引导教师树立崇高理想，在全校范围内大力弘扬高尚师德，践行师德规范，强化师德教育，建立健全师德师风建设长效机制，为提高人才培养质量、培养德智体美劳全面发展的社会主义建设者和接班人提供有力支撑。

二、基本原则

（一）坚持正确方向

坚持社会主义办学方向，确保教师在落实立德树人根本任务中的主体作用得到全面发挥。

（二）坚持价值引领

以社会主义核心价值观为教师崇德修身的基本遵循，并融入师德建设全过程，促进教师带头培育和践行社会主义核心价值观。以立德树人为出发点和立足点，将师德师风教育贯穿于教师培养全过程，并作为教师综合能力评价的重要内容，进一步增强师德建设的针对性，培育教师高尚的道德情操。

（三）坚持以人为本

关注我校教师的发展诉求和价值愿望，落实教师主体地位，激发教师立德树人的使命感和责任感。

（四）坚持改进创新

不断探索新时期教师师德师风建设的规律特点，不断完善和规范师德师风建设机制，改

进师德建设方式方法，增强师德建设的实际效果。

三、主要目标

通过宣传教育、示范引领、实践养成相统一，促进教师师德师风建设制度化、规范化，构建完备的师德师风建设制度体系和师德建设长效机制，引导广大教师严于律己，充分展现新时代高校教师师德风范，在教育教学中做学生敬仰爱戴的品行之师、学问之师，当好学生人生道路上的示范者和引导者。

四、具体措施

（一）加强理想信念教育，提高思想政治素质

1. 坚持思想铸魂

用习近平新时代中国特色社会主义思想武装教师头脑。重点加强对习近平总书记关于教育的重要论述的学习，用"四个自信"强基，用"两个维护"铸魂。

2. 加强思想政治教育

重点是社会主义核心价值观教育，引导广大教师树立崇高的理想信念，并为之奋斗终身。

3. 充分发挥基层党组织在师德建设中的政治引领作用

统一思想，凝心聚力，不断提升教师的思想政治素质。

（二）健全师德培养机制，大力提升教师职业道德素养

1. 坚持请进来与走出去、线上教育与线下教育相结合的原则

邀请校内外专家、教授开展师德师风专题培训，结合全国高校教师网络培训中心建设黄河交通学院在线学习平台，组织教师开展师德师风网络在线教育。引导广大教师牢固树立正确的政治方向，坚持立德树人，坚守职业道德，在践行社会主义核心价值观中身体力行、率先垂范。

2. 组织开展最美教师、文明教师、师德先进个人等师德师风先进人物评选活动

开展师德师风主题教育征文活动，激励广大教师争做"四有"好老师。

3. 充分发挥教师发展中心作用

进一步加强教师发展中心规范化建设，充分发挥教师发展中心作用，把师德师风建设融入教师培训全过程。通过传播先进教育理念，推动教育教学改革，搭建温馨交流平台，传承卓越教学文化，引领教师专业发展，提升教育教学水平。

4. 加强对新入职教师、青年教师的指导

全面落实导师制，通过老带新机制，在育人实践中锤炼高尚职业道德。

（三）强化师德师风宣传教育，将师德师风建设要求贯穿教师管理全过程

1. 突出规则立德，强化教师的法治教育

以学习教师法、新时代教师职业行为准则等文件为重点，提高依法执教、规范执教能

力。加强警示教育，引导教师自重、自省、自警、自励，坚守师德底线。

2. 突出课堂育德，在教育教学中提升师德修养

充分发挥课堂主渠道作用，引导广大教师守好讲台主阵地，将立德树人放在首要位置，加强课程思政建设，避免重教书轻育人倾向。

3. 组织开展最美教师、文明教师、师德先进个人等师德师风先进人物事迹报告会

大力宣传先进人物的典型事迹，在全校营造学先进、争先进的良好氛围。

4. 利用网络、橱窗等工具展示高尚师德

向全校师生展示最美教师、文明教师、师德先进个人等人物风采，大力弘扬先进人物高尚师德。

（四）建立师德奖惩机制，发挥制度约束作用

1. 将师德师风表现作为各类评优评先、职称职务晋升等第一指标

包括优秀教师和骨干教师评选、学术技术带头人评选、双师型教师认定、职称评聘、岗位晋升及各类高层次人才评选等。依法依规接受监督举报，加强师德督导，将师德师风评议情况作为年度考核的重要内容。

2. 严格师德失范惩处

对违反《新时代高校教师职业行为十项准则》（教师〔2018〕16号）、《教育部关于建立健全高校师德建设长效机制的意见》（教师〔2014〕10号）、《黄河交通学院教学事故认定及处理办法》（黄交院〔2016〕41号）及其他有关师德师风规定的，依据有关规定进行处理，涉及违法犯罪的移交司法机关依法处理。

3. 严格招聘引进，把好教师入口关

严格思想政治和师德考察，坚决避免教师招聘引进中的"五唯"倾向。开展拟聘人员心理健康测评。将师德要求纳入聘用合同，加强试用期考察，对不合格人员取消聘用，及时解除合同。

五、组织领导

（一）成立黄河交通学院师德师风建设领导小组，负责全校师德师风建设工作

建立党政统一领导，各职能部门、学院（系、部）负责具体落实的领导体制和工作机制。领导小组下设办公室，办公室设在教师发展中心，负责师德师风建设日常工作，协同落实领导小组决定的事项。

（二）各单位严格落实

各职能部门、学院（系、部）要明确师德师风建设主体责任，严格落实本单位师德师风建设工作。

关于建立教职工联系大学生谈心谈话制度的意见

为进一步贯彻落实习近平新时代中国特色社会主义思想，深化"不忘初心　牢记使命"主题教育成果，为党育人，为国育才，不断加强大学生思想政治教育工作，在学校建立教职员工联系大学生谈心谈话制度，作为思政课程和课程思政同向同行的第二课堂，担负起培养德智体美劳全面发展的社会主义建设者和接班人的重要使命，特提出如下意见：

一、建立教职工联系大学生谈心谈话制度的重要意义

（一）教职工联系大学生谈心谈话制度是倾听大学生呼声的有效途径

通过此项制度，使大学生反映真实学情，实现教职员工与大学生心贴心交流沟通的一种有效途径，是创新大学生思想政治教育形式，丰富大学生思想政治教育内容，提高大学生思想政治教育的针对性，体现以生为本，真心实意解决学生实际问题的有效切入方式。

（二）教职工联系大学生谈心谈话制度是"不忘初心、牢记使命"的根本要求

为党育人、为国育才是广大教职工的基本使命，要把立德树人作为根本任务，真情引导学生、真心关心学生、真正相信学生。把学生的呼声作为第一信号，把学生的满意作为第一标准，把学生的利益作为第一原则，坚持不懈为学生做好事，尽心竭力为学生解难事，架起师生之间的连心桥。

（三）教职工联系大学生谈心谈话制度是化解矛盾、理顺情绪、解决各种现实问题的客观需要

随着学校办学规模不断扩大，改革发展进程加快，面临的机遇、困难和挑战并存且前所未有，老问题与新矛盾交织在一起，加之有些教师干部作风虚浮，不会做、不愿做深入细致的思想政治工作，使校内不稳定因素增加，教职工联系大学生谈心谈话制度的确立，促使教职工通过与大学生进行面对面谈心谈话，及时解决大学生反映最关心、最现实、最直接的热点、难点问题，得到学生理解、谅解和支持，构建和谐校园，加快学校发展。

二、教职工联系大学生谈心谈话的组织形式和原则

（一）教职工联系大学生谈心谈话制度的组织形式

学校教职工广泛参与、全面覆盖；每位教职工联系学生 15 名左右，每学期与学生谈心谈话不少于 3 次。与学生谈心谈话可采取多种方式进行，要充分利用现代信息技术手段，建立健全谈心谈话的工作台账，接受广大师生的监督。

（二）教职工联系大学生谈心谈话制度的原则

第一，遵循思想政治工作规律和学生成长规律，围绕学生、关照学生、服务学生，把握

大学生思想特点和发展需要，实现全员、全过程、全方位育人，把思想价值引领和立德树人根本任务贯穿谈心谈话全过程，及时了解大学生思想状况和具体诉求，使谈心谈话接地气、入人心。引导大学生树立正确的世界观、人生观、价值观，做社会主义核心价值观的坚定信仰者、积极传播者、模范践行者。

第二，坚持平等沟通、民主讨论、互动交流原则，从学生关心关注的社会热点、难点问题出发，以透彻的学理分析回应学生，以彻底的思想理论说服学生，用真理的强大力量引导学生，鞭辟入里，解疑释惑，固本培元，凝心铸魂。

第三，把联系大学生谈心谈话制度与思政课程、课程思政结合起来，引导大学生立志成才，坚定马克思主义信仰，坚定社会主义和共产主义信念，增强对中国特色社会主义的道路自信、理论自信、制度自信、文化自信，引导学生坚定不移听党话，矢志不渝跟党走。

三、教职工联系大学生谈心谈话的内容

1. 了解大学生加强对党的建设、思想政治教育、精神文明建设等方面的意见和建议。
2. 了解大学生对学校教育教学、科学研究、管理、服务等方面的意见和建议。
3. 了解大学生对学校教育事业改革发展、和谐稳定等方面的意见和建议。
4. 了解大学生在思想、学习、生活等方面存在的困难、问题与要求。
5. 注重对家庭经济困难、身体残疾、心理障碍、政治迷茫等方面大学生的心理疏导、思想引导和政治教育工作。

四、切实加强教职工联系大学生谈心谈话制度工作的领导

（一）建立教职工联系大学生谈心谈话制度的领导体制和工作机制

学校成立由党委书记任组长的教职工联系大学生谈心谈话工作领导小组，负责教职工联系大学生谈心谈话工作的组织领导和统筹协调。党委书记、校长，各二级学院（系）党总支书记、院长为教职工联系大学生谈心谈话制度的第一责任人，要亲自抓、负总责、身体力行，率先垂范。建立教职工联系大学生谈心谈话工作联席办公会议制度，日常工作由党委学生工作部负责，形成问题收集、协调解决、反馈回访的三大机制，实行分级负责，归口办理，责任到人。

（二）建立教职工联系大学生谈心谈话制度的保障机制

设立教职工联系大学生谈心谈话制度专项经费和专项研究课题，提升学校思想政治工作理论研究水平，为加强改进大学生思想政治工作，尤其是教职工联系大学生谈心谈话制度提供理论支持。

（三）建立教职工联系大学生谈心谈话制度督查督导机制

力戒形式主义、官僚主义，杜绝做表面文章，对于教职工联系大学生谈心谈话敷衍塞责、应付了事、学生不满意的，一经发现严肃处理，同时，将教职工联系大学生谈心谈话制度作为教职工年度考核的重要内容之一，计入个人工作考核成绩，与评优评先、薪酬考核挂钩。

黄河交通学院关于深入学习宣传贯彻
《中华人民共和国民办教育促进法实施条例》的意见

民办教育是社会主义教育事业的组成部分，党中央、国务院高度重视民办教育事业的发展。国务院总理李克强签署第741号国务院令，公布了重新修订的《中华人民共和国民办教育促进法实施条例》（以下简称《实施条例》），2021年9月1日起施行。为做好《实施条例》的学习宣传贯彻工作，提出以下意见。

一、充分认识学习宣传贯彻《实施条例》的重大意义

新修订的《实施条例》是完善中国特色社会主义现代教育制度，全面推进依法治教的具体体现和重要成果；是"十四五"开局之年颁布实施的第一部教育法规，意义重大而深远，将对民办教育发展产生深远的影响。《实施条例》的修订，完善了民办教育相关制度，强化了《民办教育促进法》的立法精神，维护了民办学校及其受教育者、教职工、举办者等主体的利益，破解了长期存在的难点问题，有利于促进民办教育持续健康高质量发展。要引导广大师生深刻认识修订和完善《实施条例》对于支持和保障民办教育发展的必要性与重要性，切实把思想和行动统一到中央的决策部署上来，把智慧和力量凝聚到推进民办教育高质量发展的任务要求上来，全面推动《实施条例》宣传贯彻工作落地落实。

二、准确把握新修订的《实施条例》内涵

当前，我国教育进入了高质量发展阶段。随着社会主要矛盾的变化，民办教育的发展定位和目标任务也发生了历史性变化。新修订的《实施条例》对现行条例做了全面、系统的修改、补充和完善。增加了"教师与受教育者"和"管理与监督"两章，新增了23个条款，内容增加了80%以上。此次《实施条例》的修订，始终把人民群众对教育的新需求、新期盼放在首位，坚持问题导向和目标引领，始终坚持和不断完善党对民办教育的全面领导，坚持教育的公益属性，落实"立德树人"根本任务。修订后的《实施条例》，新内容、新规定、新制度非常多，需要我们在学习宣传贯彻中，深刻把握其内涵，牢固树立依法治教、依法办学的意识与观念，增强运用法治思维和法治方式推进教育改革与发展的能力与水平。切实为学校全面深化改革、推进高质量发展，实现学校发展目标贡献力量。

三、提高站位，加强领导，推动落实

为全面推动《实施条例》学习宣传贯彻工作落地落细，提高政治站位，加强对《实施条例》学习宣传贯彻工作的领导，积极探索推动民办教育健康发展的新思路、新方法、新举措，把智慧和力量凝聚到推进我校高质量发展的任务要求上来，学校成立学习贯彻《实施条例》领导小组，由校党委书记、校长任组长，党委副书记、副校长等校级领导任副组

长，领导小组成员由职能部门主要负责人及各二级学院（系、部）书记担任。领导小组下设办公室，办公室设在法律与制度办公室。要及时总结学习宣传和贯彻实施新修订的《实施条例》中的好经验、好做法。学习宣传和贯彻实施中反映出的问题和有关工作建议，请及时报送法律与制度办公室，及时将相关材料整理归档，形成特色。

四、明确任务，多措并举，深入开展学习宣传活动

（一）采取多种形式深入学习宣传《实施条例》

要将学习宣传和贯彻实施《实施条例》列入年度工作计划之中，将9月份定为《实施条例》学习宣传月。领导干部要率先进行学习，党政班子成员要开展主题学习，推动领导干部带头学习、学深学透。宣传部、法律与制度办公室要积极利用校园网、学校微信平台、宣传橱窗等工具，开设专题、专栏，向师生宣传《实施条例》的具体内容。通过邀请专家进校开展专题讲座、召开研讨会等多种形式把《实施条例》的精神学全、学深、学清、学透，使广大干部师生深入领会新修订的《实施条例》的重要内容，牢固树立依法治教、依法行政、依法治校的意识与观念，切实增强运用法治思维和法治方式推进我校改革与发展的能力。

（二）及时修订、完善、健全内部管理制度

根据《实施条例》的原则要求，制定并完善配套制度，各部门要认真对照新修订的《实施条例》，按照"谁制定、谁清理"的原则，及时梳理和修订校内有关管理制度和规定，对与新修订的《实施条例》不一致、不衔接、不配套的规定，抓紧进行修改或废止。学校要按照《实施条例》的原则和精神，全面加强党的领导，坚持民办教育公益性基本原则，进一步修订完善学校章程，健全学校规章制度，依法办学、自主管理、提高质量、办出特色。

（三）统筹谋划，做到四个结合

1. 要结合党史学习教育活动，认真贯彻《实施条例》

党史学习教育，是加强党员干部党性修养的"关键一招"。结合党史教育活动，认真贯彻《实施条例》。各党总支和直属党支部要通过学习研讨活动，组织领导干部带头学习，推动广大党员干部在党史教育活动中掌握《实施条例》内容，帮助党员干部增强理论深度和业务能力，让学习党史教育活动更具"含金量"。

2. 要结合评建工作，认真贯彻《实施条例》

当前我校正处于迎评促建的关键时期，要精准把握评建工作"以评促建、以评促改、以评促管、评建结合、重在建设"的方针。《实施条例》的颁布从根本上保障了我校的办学地位，以此为契机，各单位要依法按章办事，按《实施条例》规定的精神，有条不紊地完成评建工作的各项任务。

3. 要结合我校"十四五"事业发展规划的实施，认真贯彻《实施条例》

2021年是我校"十四五"事业发展规划的开局之年，规划描绘了我校未来五年发展蓝图。结合规划的实施，认真贯彻《实施条例》，对我校未来发展意义重大。各单位要把认真

学习《实施条例》作为"十四五"发展任务中的重点去完成，助力学校高质量发展。

具体事件安排，请参考附件：黄河交通学院学习宣传贯彻《中华人民共和国民办教育促进法实施条例》活动安排表。

4. 要结合疫情防控工作要求，认真学习贯彻《实施条例》

当前疫情防控形势依旧严峻，各单位要认真学习贯彻《实施条例》，将文件中的精神充分融入疫情防控工作的各个方面，全力保障我校疫情防控工作有序开展，确保全校师生生命和财产安全。同时，要积极开展线上教育，利用多媒体等形式加强对全校师生的法治教育。

附件

黄河交通学院学习宣传贯彻《中华人民共和国民办教育促进法实施条例》活动安排表

阶段	时间	内容及形式	责任单位
宣传动员阶段	2021年9月1—10日	1. 发布学习宣传贯彻《中华人民共和国民办教育促进法实施条例》的通知	法律与制度办公室
		2. 召开学习贯彻《中华人民共和国民办教育促进法实施条例》动员会	党政办 法律与制度办公室
		3. 积极利用校园网、学校微信平台、宣传橱窗等媒体工具,向师生宣传《实施条例》的主要内容	党委宣传部 法律与制度办公室
学习研讨阶段	2021年9月10日—10月30日	1. 印制《中华人民共和国民办教育促进法实施条例》学习手册;制定、发布黄河交通学院《规章制度制定(修订)暂行管理办法》	法律与制度办公室
		2. 邀请专家辅导、解读新修订的《实施条例》	宣传部 法律与制度办公室
		3. 领导干部要率先学习,校党政班子领导要开展主题学习,推动领导干部带头学习、学深学透。对学校中层以上干部进行《实施条例》法律知识测试	党政办 组织部
		4. 修订《黄河交通学院章程》	理事会办公室 党政办 法律与制度办公室
		5. 在深入学习的基础上,对现行制度中与《实施条例》"不一致、不衔接"之处进行修订	校属各单位
		6. 开展民促法学习宣传征文比赛,鼓励全校教职工积极参与征文比赛	法律与制度办公室 科研处
总结深化阶段	2021年11—12月	1. 汇编2021年度规章制度	法律与制度办公室 各单位
		2. 对规章制度执行情况进行专项检查	法律与制度办公室 纪检与监察办公室
		3. 撰写学习贯彻《中华人民共和国民办教育促进法实施条例》活动总结报告	法律与制度办公室

中共黄河交通学院委员会
关于加强和改进新形势下思想政治工作的实施意见

为深入贯彻党的十九大以来党中央、河南省委关于加强和改进新形势下高校思想政治工作的决策部署,根据《中共中央国务院关于加强和改进新形势下高校思想政治工作的意见》(中发〔2016〕31号)和《中共河南省委河南省人民政府关于加强和改进新形势下高校思想政治工作的实施意见》(豫发〔2017〕9号)精神,结合学校实际,制定以下实施意见。

一、加强和改进学校思想政治工作的重要意义和总体要求

1. 加强和改进思想政治工作的特殊重要性

高校肩负着人才培养、科学研究、服务社会、文化传承创新、国际交流合作的重要使命,是巩固马克思主义指导地位、发展社会主义意识形态的重要阵地。加强和改进高校思想政治工作,事关办什么样的大学、怎样办大学的根本问题,事关党对高校的领导,事关高校培养什么样的人、如何培养人以及为谁培养人这个根本问题,是一项重大的政治任务和战略工程。校党委历来高度重视思想政治工作,认真贯彻党的教育方针,紧紧围绕立德树人,按照"统筹大思政、搭建大平台、推行大教育"的基本思路,在推进思想政治工作方面进行了许多新的探索,积累了不少宝贵经验。学生思想政治教育成效显著,教师思想政治素质明显提高,校内思想文化阵地建设和管理不断加强,中国特色社会主义理论体系进教材、进课堂、进头脑工作扎实有效,社会主义核心价值观建设持续推进。思想政治工作持续加强改进,呈现出良好发展态势,为推动学校转型发展、示范性应用技术类型本科院校建设、服务地方经济与社会发展做出突出贡献。

2. 加强和改进思想政治工作的现实紧迫性

当前,国际国内形势深刻变化,不同思想文化交流、交融、交锋,社会思潮多元、多样、多变,高校思想政治工作面临许多新情况、新任务、新课题。面对新形势、新挑战,我校思想政治工作中还存在一些突出问题,主要表现为:有的院系部门对思想政治工作重视不够,存在着重智育轻德育、重学术轻思想政治工作、重科研轻课堂教学等现象,领导体制和工作机制有待完善;对学校思想政治工作规律的认识和把握不够,针对性、实效性有待进一步增强;哲学社会科学育人功能有待强化,学术评价机制不健全;个别教师不能很好地做到教书育人、为人师表,师德师风建设和教师思想政治工作亟待加强;思想政治工作队伍数量不足,整体素质有待进一步提升;阵地建设管理还不完善,没有形成协同效应,错误思想观念仍有传播空间;有的基层党组织存在思想政治工作弱化、效应递减现象等。这些情况表明,加强和改进学校思想政治工作势在必行。要从更好地进行具有许多新的历史特点的伟大斗争、推进党的建设新的伟大工程、推进中国特色社会主义伟大事业的战略高度,进一步增强做好思想政治工作的责任感和使命感。

3. 加强和改进思想政治工作的指导思想

高举中国特色社会主义伟大旗帜，全面贯彻党的十九大和十九届三中、四中全会精神，以马克思列宁主义、毛泽东思想、邓小平理论、"三个代表"重要思想、科学发展观为指导，深入学习贯彻习近平总书记新时代中国特色社会主义思想，全面贯彻党的教育方针，坚持社会主义办学方向，以立德树人为根本，以社会主义核心价值观为引领，切实抓好各方面基础性建设和基础性工作，切实加强和改善党的领导，全面提升思想政治工作水平，紧密团结在以习近平同志为核心的党中央周围，牢固树立四个意识，坚定四个自信，做到两个维护，为实现"两个一百年"奋斗目标、实现中华民族伟大复兴的中国梦，培养又红又专、德才兼备、全面发展的中国特色社会主义合格建设者和可靠接班人。

4. 加强和改进思想政治工作的基本原则

（1）坚持党的领导。坚持党的政治路线、思想路线、组织路线、群众路线，落实全面从严治党要求，把党的建设贯穿始终，着力解决突出问题，把加强和规范党内政治生活、加强党内监督各项任务落到实处，维护党中央权威、保证党的团结统一。

（2）坚持社会主义办学方向。坚持马克思主义指导地位，坚持以人民为中心的发展思想，更好地为改革开放和社会主义现代化建设服务、为人民服务。

（3）坚持全员全过程全方位育人。把思想价值引领和立德树人根本任务贯穿教育教学全过程和各环节，形成教书育人、科研育人、实践育人、管理育人、服务育人、文化育人、组织育人的长效机制。

（4）坚持遵循教育规律、思想政治工作规律、学生成长规律。把握师生思想特点和发展需求，注重理论教育和实践活动相结合、普遍要求和分类指导相结合，提高工作科学化精细化水平。

（5）坚持改革创新。继承和发扬传统工作优势，适应时代和实践发展新变化，推进理念思路、内容形式、方法手段创新，增强工作时代感和实效性。

二、强化思想理论教育和价值引领

1. 加强理想信念教育

着力提升师生思想政治素质，把理想信念教育放在首位，切实抓好马克思列宁主义、毛泽东思想、邓小平理论、"三个代表"重要思想的学习教育，深入学习贯彻习近平总书记新时代中国特色社会主义思想，引导师生牢固树立四个意识，坚定四个自信，做到两个维护，树立中国特色社会主义共同理想，同时使他们中的先进分子树立共产主义远大理想。制订《政治理论学习安排计划》，有计划、分层次举办学习习近平新时代中国特色社会主义思想培训班、研讨班，对全校师生进行全面培训。大力推进青年马克思主义者培养工程，切实提升培养质量。深入开展"青春心向党·建功新时代"主题宣传教育实践活动，引导大学生以实际行动实现人生理想。

2. 培育和践行社会主义核心价值观

坚持把社会主义核心价值观体现到教书育人全过程，引导师生准确理解和把握社会主义核心价值观的深刻内涵和实践要求，树立正确的世界观、人生观、价值观，引导广大师生做社会主义核心价值观的坚定信仰者、积极传播者、模范践行者。强化国家意识、法制意识、社会责任意识教育，加强民族团结进步教育、国家安全教育、科学精神教育，并纳入日常课程体系。以诚信建设为重点，加强社会公德、职业道德、家庭美德、个人品德教育，提升师生道德素养。组织先进模范校园巡讲，开展最美教师、十佳大学生、自强之星等先进典型的评选表彰活动，发挥榜样群体的示范引领作用。持续深入开展文明创建活动，组织开展丰富多彩、积极向上的校园文化活动，打造一批校园文化建设优秀品牌，提升校园文明程度。

3. 弘扬中华优秀传统文化和革命文化、社会主义先进文化

实施中华文化传承工程，推动中华优秀传统文化融入教育教学，组织大学生学习中华文化优秀典籍，创造条件开设中华优秀传统文化必修课。在人文社科类专业和课程中，增加中华优秀传统文化内容。组织开展礼敬中华优秀传统文化等活动。邀请传统文化名家进校园、进课堂等。加强革命文化和社会主义先进文化教育，深化中国共产党史、中华人民共和国史、改革开放史和社会主义发展史学习教育，继承革命传统，传承红色基因。充分利用国家改革发展的重大成就、重大历史事件纪念活动、爱国主义教育基地、国家公祭仪式等组织开展主题教育活动，弘扬以爱国主义为核心的民族精神和以改革创新为核心的时代精神。引导广大师生深刻认识到，爱国主义是具体的、现实的，中国共产党的领导和中国社会主义制度必须长期坚持，不可动摇；中国共产党领导中国人民开辟的中国特色社会主义道路是正确的，必须长期坚持，永不动摇；中国共产党和中国人民扎根中国大地、借鉴人类文明优秀成果、独立自主实现国家发展的战略是正确的，必须长期坚持，永不动摇。

三、进一步办好思想政治理论课

1. 充分发挥思想政治理论课主渠道作用

制定《思想政治理论课建设体系创新计划实施方案》，加强师资队伍建设，提高教师素质，把思想政治理论课作为学校重点课程建设，创新教学方法，增强教学的吸引力、说服力、感染力。注重以问题为导向开展专题式教学，开展集体备课和名师引领，实施教学攻关行动，组织公开课观摩等教学活动，建设一批精彩教案、精彩课件、精彩课堂。合理设置教学规模，严格落实课时规定。开展思想政治理论课教师培养培训，定期举办骨干教师、新进教师等培训。推行思想政治理论课特聘教授制度，建立特聘教授资源库，鼓励有较高理论素养和丰富实践经验的党政干部、专业课教师、社科理论界研究人员等参与思想政治理论课教学。校党委书记、校长和二级学院党政负责人每学期至少为学生讲一次思想政治理论课或作一次形势与政策报告。

2. 加强马克思主义学院建设

以深化马克思主义特别是当代中国马克思主义教育教学和研究宣传为根本任务，大力加强马克思主义学院建设，打造马克思主义理论教学、研究、宣传和人才培养的坚强阵地。积极创造条件，力争马克思主义学院进入省级重点建设的马克思主义学院行列。配齐配强马克思主义学院领导班子。积极组织开展和参与名师大讲堂、理论名家社会行等活动，生动宣传阐释党的理论创新成果。积极组织和参与马克思主义理论研究和建设工程。

四、发挥哲学社会科学育人功能

1. 加强哲学社会科学学科体系建设

坚持以马克思主义为指导，贯穿马克思主义立场观点方法，强化马克思主义理论学科的引领作用，优先支持马克思主义理论学科建设。实施马克思主义理论人才支持培养计划，加大各学科专业中马克思主义理论类课程建设和教育教学力度。紧密结合中国特色社会主义成功实践，积极推进学术话语权体系创新。努力建设特色显著、省内外有较大影响的哲学社会科学学科。

2. 规范哲学社会科学教材选用

落实高校哲学社会科学学科专业核心课程教材目录制度，统一使用马克思主义理论研究和建设工程重点教材，其他课程教材优先在全国公布的目录中选用。落实引进教材选用管理办法，完善选用标准和选用程序。健全引进教材选用备案制度和审读制度，加强教材进口管理。党委宣传部负责对哲学社会科学教材进行导向和质量把关，规范教材选用，加强对教材选用工作的监督检查和违规处理。

3. 完善学术评价体系和评价标准

坚持政治标准和学术标准相统一，确保正确的政治方向、价值取向、学术导向。健全科研成果评价办法，规范学术评价方法，防止出现在学术评价中模糊正确价值取向、淡化社会主义意识形态的倾向。提高学术委员会建设水平，把政治立场和思想政治表现作为遴选成员的底线要求，在校党委领导下发挥好学术委员会的作用。

五、加强对课堂教学和各类思想文化阵地的建设管理

1. 加强对课堂教学的建设管理

充分发挥课堂教学主阵地作用和专业课教师主力军的育人职责，将立德树人的根本任务融入大学生专业学习各个环节，贯穿到教学、科研和社会服务各个方面。深入挖掘各类课程的思想政治教育资源，并融入各类课堂教学之中。健全课堂教学管理办法，完善课程设置管理制度，建立课程标准审核和教学评价制度，落实学校领导和教学督导听课制度。强化教学纪律约束机制，坚持课堂讲授有纪律、公开言行守规矩，所有教育教学活动中都不得出现违背党和国家大政方针、违背宪法法律、危害国家安全、破坏民族团结等言行。

2. 加强对校园各类思想文化阵地的规范管理

按照"谁主管，谁负责"的原则，加强对校内哲学社会科学报告会、研讨会、讲座、论坛和读书会、学术沙龙的引导和管理，落实"一会一报""一事一报"制度。依法管理境外非政府组织在学校的活动，防范和抵御不良思想的渗透。坚持教育与宗教相分离原则，严禁任何在学校传播宗教、发展教徒和组织宗教活动。加强对校报、校刊、校内广播电视和学校各类出版物的规范管理。加强校园网络安全管理，落实校园网络使用实名登记制度和用网责任制度，加强网络舆情搜集研判，规范师生自媒体管理，加强网络评论员队伍和青年网络文明志愿者队伍建设，做好重大活动和热点问题、突发事件的网上舆论引导，营造风清气正的校园网络环境。

六、加强教师队伍和专门力量建设

1. 提升教师思想政治素质

进一步加强教师思想政治教育工作，努力培养并造就一批有理想信念、有道德情操、有扎实学识、有仁爱之心的好老师。建立中青年教师社会实践和校外挂职制度，引导教师增强对中国特色社会主义的思想认同、理论认同、情感认同。加强师德师风建设，组织开展宣传师德典型、深化学术诚信教育活动，推动形成崇尚精品、严谨治学、注重诚信、讲求责任的学术品格和优良学风。强化青年教师岗前培训和在职培训，注重老教师的传帮带工作，增强青年教师教书育人的责任担当。加强教师教育管理和纪律约束，对违反法律法规、校规校纪的，要依法依规及时处置。

2. 完善教师评聘和考核机制

把政治标准放在首位，严格教师资格和准入制度，探索教师定期注册制度。完善外籍教师和海外人才引进使用管理办法。党委宣传部、人事处负责对新入职教师的思想政治、品德学风进行综合考察和把关。完善教师评聘考核体系，在教师年度考核、职务（职称）评聘、评优奖励中，把思想政治表现和课堂教学质量作为首要标准。增加课堂教学权重，引导教师将更多精力投入课堂教学上。强化制度建设，把师德规范要求融入人才引进、课题申报、职称评审、导师遴选等评聘和考核各环节，实施师德"一票否决"。

3. 配齐建强思想政治工作队伍和党务工作队伍

思想政治工作队伍和党务工作队伍具有教师和管理人员双重身份，纳入学校人才队伍建设总体规划，完善选拔、培养、激励机制，形成一支专职为主、专兼结合、数量充足、素质优良的工作力量。专职思想政治工作人员和党务工作人员不低于全校师生人数的1％，二级学院至少配备1至2名专职组织员。按师生比不低于1∶200的比例设置专职辅导员岗位，师生比不低于1∶350的比例设置专职思想政治理论课教师岗位。选聘校内名师兼职担任辅导员或班主任，设立学生成长导师和学业导师。健全完善保障激励机制，提高辅导员特岗津贴发放标准。推动思想政治工作队伍和党务工作队伍职业化专业化建设，思想政治工作队伍和党务工作队伍每年至少参加1次专项培训。选聘校外党政机关和企事业单位党员领导干部、专家学者以及老干部、老战士、老专家、老教师、老模范，从事学校思想政治工作或党务工作。

七、切实加强意识形态工作

1. 坚持意识形态工作守土有责

学校是意识形态工作的前沿阵地，必须牢牢把握意识形态工作的主动权和领导权。各级基层党组织对本单位意识形态工作负有主体责任，各级党组织负责人是第一责任人。按照"党政同责"原则，各级行政负责人对本单位意识形态工作负重要责任。要把好政治方向，严守政治纪律和政治规矩，严守组织纪律和宣传纪律，坚决维护党中央权威。党组织书记要旗帜鲜明地站在意识形态工作第一线，带头抓意识形态工作，带头抓阵地、抓导向、抓队伍，敢于批评错误观点和错误倾向，做到重要工作亲自部署、重要问题亲自过问、重大事件亲自处置。

2. 强化意识形态领域情况的分析研判和处置

学校党委每年专题研究学校意识形态工作，及时向上级党组织报告意识形态领域的重大情况，并提出建设性意见。各基层党组织要定期分析师生思想动态，及时研判意识形态工作，辨析思想文化领域的突出问题，对重大事件、重要情况、重要社情民意中的倾向性苗头性问题，及时向校党委汇报并有针对性地开展工作，坚决维护学校意识形态安全稳定。健全网络舆情预警和防控引导机制，提高网络意识形态建设和管理水平。要完善舆情反应机制、处理流程和干预方式，特别是充分发挥新媒体在舆论引导中的积极作用，实现对校园网络的有效管控。

3. 加强意识形态阵地建设

打造网络与新媒体思想政治工作平台，形成课上课下、线上线下相互呼应、协同运行的工作机制和工作合力，唱响思想政治工作主旋律。规范信息公开和新闻发布制度，创新媒体平台信息发布与协同管理机制，提升舆论危机应对能力。以强化思想政治引领为主线，加强校园网络文化建设，建成一批导向正确、特色鲜明的网络宣传平台，打造风清气正的校园网络空间，把互联网建设成为培育和弘扬社会主义核心价值观的新阵地。建立网络思想宣传分级管理体系，建设一支专兼职人员结合、品格作风能力过硬的校园网络思想政治工作骨干队伍。严格管理校内各类宣传品印制场所、校园橱窗、海报栏等户外宣传设施。壮大主流思想舆论，做大做强正面宣传，加强国家安全教育，加强爱国主义教育，管好导向、管好阵地、管好队伍，坚决抵御敌对势力的渗透，牢牢掌握高校意识形态工作领导权、话语权，不断巩固马克思主义指导地位。

八、推进校园文化建设与创新

1. 凝练校园精神文化

精神文化是校园文化的灵魂，要结合自身特色，以大学精神和校风校训为核心，积极寻找主流意识形态与校园精神文化共振契合点，丰富和拓展精神文化宽度与厚度。注重学校文化基本元素的创新发展，将其与国家制度、时代价值、社会发展紧密结合，引领形成凝聚师生奋发向上的精神力量。

2. 丰富文化活动载体

结合重大事件、重要节点，不失时机地开展特色鲜明的主题教育活动，引导师生深刻接受思想洗礼。以校园品牌文化活动为抓手，将社会主义核心价值观教育寓于各类文化活动中，引导师生在愉悦身心的过程中增强对核心价值观的理解与认同，有效实现文化活动的意识形态功能。

3. 加强文化环境建设

重视校园人文景观和自然环境建设，在文化环境建设中融入校史历程、大学精神、行业传统、核心价值观等要素，使校园一草一木、一花一石皆具备隐性教育功能，使师生在潜移默化间形成对学校的认同感、归属感，进而促使学生树立起自强不息、服务社会、报效祖国的精神追求。

九、推进思想政治工作改革创新

1. 贴近师生思想实际开展工作

紧紧依靠广大师生，做好思想政治工作。组织实施思想政治状况滚动调研工作，建立健全学校领导、二级学院领导联系师生谈心谈话制度，及时了解师生思想状况和具体诉求，使思想政治工作接地气、入人心。建立教师家访、家长访校、校友访校等制度，构建学校、家庭、社会协同育人的工作格局。发挥学生的主体作用，根据学生的不同特点，有针对性地开展思想政治工作和思想引导。发挥师德楷模、名师大家、学术带头人的示范引领作用，用他们的人格修为、学养学识带动学生。关心知识分子特别是青年教师的各项工作，充分信任知识分子，积极鼓励他们把专业知识与学术热情传播给广大学生。做好党外人士的思想工作，加强思想引领和团结教育，促进他们对党的理论和路线方针政策的内心认同。

2. 加强网络思想政治教育工作

树立互联网思维，推动思想政治工作传统优势与信息技术高度融合，使互联网成为开展思想政治教育的新平台。整合网上教育教学资源，加强专题网站和"两微一端"建设，创建网上党建园地、网上党校、网上论坛等思想政治工作平台，制作传播贴近大学生特点的新媒体内容产品，运用大学生喜欢的表达方式开展思想政治教育。运用好"学习强国""青年大学习"等在线学习平台，加入"易班"网站联盟和中国大学生在线引领工程。将优秀网络文化成果纳入学校科研成果统计、职务晋升、职称评聘和评奖评优办法。以青年教师和学生骨干为主体，壮大网络舆论引导力量，唱响网上主旋律。

3. 强化社会实践育人

系统设计实践育人教育教学体系，分类制定实践教学标准，提高实践教学比重，组织师生参加社会实践活动，了解当今的国情、省情、民情。组织学生参与科研活动中的社会调研，参与产业化科研项目，完善科教融合、校企联合等协同育人模式。加强实践教学基地建设，促进教学和科研紧密结合，学校和社会密切合作。加强第二课堂建设，鼓励师生利用假期参加社会调查、生产劳动、志愿服务、公益活动、科技发明和勤工助学等社会实践活动。开设创新创业教育专门课程，组织创新创业实践活动。推进学校实践育人创新创业基地、实习实践基地建设，落实大学生创业优惠政策。增强军事训练实效，强化学生国防意识。建立健全学雷锋志愿服务制度，广泛开展社会公益活动。

4. 在服务引导中加强思想教育

坚持把解决思想问题与解决实际问题结合起来，做到既讲道理又办实事。实行学生成长导师和学业导师制，加强学业与就业指导，引导他们自觉把国家的前途命运同解决学习成长中的困难和问题结合起来，到国家最需要的地方建功立业。加强对家庭经济困难学生的资助工作，进一步完善国家奖/助学金、国家助学贷款、勤工助学、学费减免等多种形式的学生资助体系。积极帮助解决教师在户籍、住房、社会保障、子女教育等方面的合理诉求，让他们共享学校改革发展成果，增强教职工对学校的归属感。加强管理育人，牢固树立"管理就是服务"的思想，不断提高管理人员的素质和能力，提升管理育人水平。加强后勤服务育人工作，明确各人职责，强化服务意识，不断提高服务质量，提升服务育人水平。

5. 加强大学生心理健康教育

加强大学生心理健康教育。加强人文关怀和心理疏导，培育理性平和的健康心态，促进大学生身心和人格健康发展；把大学生心理健康教育纳入思想政治工作整体规划，加大心理健康知识的普及力度，提升心理健康教育与咨询工作水平；遵循大学生的身心发展特点和成长成才规律，提高心理健康教育的针对性和有效性；加强教师队伍培训，提高心理健康教育工作的科学化水平。

6. 充分发挥共青团、学生会组织和学生社团作用

继续实施《共青团改革实施方案》，切实加强共青团组织建设，将思想政治工作引领贯穿共青团各项工作和活动，推进服务型团组织建设。加强学生会自身建设，充分发挥推动大学生思想政治教育、服务大学生全面发展的重要作用。加强对学生社团的管理、引导、服务和联系，支持学生社团开展丰富多彩的课外活动。实行大学生社团登记和年检制度，规范日常活动，促进有序发展。积极发挥工会、关心下一代工作委员会在高校思想政治工作中的育人作用。

十、切实加强对思想政治工作的领导

1. 完善领导体制和工作机制

校党委统一领导学校思想政治工作，经常分析师生思想状况和思想政治工作状况，制定思想政治工作的总体规划，对全校思想政治工作做出全面部署和安排。认真做好组织协调、宏观指导和督促检查工作。建立和完善党委统一领导、党政齐抓共管、专兼职队伍相结合、校内外紧密配合、学生自我教育的全员全过程全方位育人的工作机制。各级党组织负责人为本单位思想政治工作第一责任人。按照"党政同责"的原则，各单位行政负责人对思想政治工作负主要责任。各党总支要进一步发挥政治核心作用，履行政治责任，保证监督党的路线方针政策及上级党组织决定的贯彻执行，把握好教学科研管理等重大事项中的政治原则、政治立场、政治方向，在干部队伍、教师队伍建设中发挥主导作用，把好政治关。

2. 完善思想政治工作评价体系

坚持定性分析与定量分析相结合、工作评价和效果评价相结合，推动学校思想政治工作制度化。加强对党总支和各级领导干部贯彻执行党的路线方针政策、遵守党章党规党纪情况的监督检查。通过党总支书记抓思想政治工作和党的建设述职评议考核制度，将考核结果和有关情况作为领导班子、领导干部目标管理和实绩考核的重要内容，纳入执行党的纪律情况监督检查范围，对履行责任不力、思想政治工作和党的建设长期薄弱的，追究党总支和党员领导干部的主体责任、监督责任、领导责任。

3. 完善思想政治工作的保障机制

建立健全与学校转型发展相统一、与大学生成长成才需要相适应的思想政治工作和管理的制度体系。设立思想政治教育专项经费，加大思想政治工作的经费投入，为加强和改进思想政治工作创造良好条件。设立思想政治工作研究课题，加强思想政治教育科学研究，提升学校思想政治工作理论研究水平，为加强和改进思想政治工作提供理论支持和决策依据。

黄河交通学院教代会规定

第一章 总则

第一条 为依法保障我校教职工参与学校民主管理和监督的权利，完善现代大学制度，促进学校依法治校，依据《中华人民共和国教育法》《中华人民共和国教师法》《中华人民共和国工会法》《中华人民共和国民办教育促进法》《中华人民共和国民办教育促进法实施条例》等法律法规，结合我校实际，特制定本规定。

第二条 学校教代会（以下简称教代会）是教职工依法参与学校民主管理和监督的基本形式。学校应当不断完善教代会制度。

第三条 教代会高举中国特色社会主义伟大旗帜，以习近平新时代中国特色社会主义思想为指导，全面贯彻党的基本理论、基本路线、基本方略（党的基本路线和教育方针），积极参与学校民主管理和监督。

第四条 教代会及其代表应遵守国家法律法规，遵守学校规章制度，正确处理国家、学校、集体和教职工的利益关系。团结和动员教职工投身教育教学改革，完成教学、科研、管理、服务等各项工作任务，同心同德，促进学校的改革与发展。

第五条 教代会在学校党委的领导下开展工作。教代会的组织原则是民主集中制。

第二章 职权

第六条 教代会的职权

（1）听取学校章程的制定和修订情况报告，提出修改意见和建议；

（2）听取学校发展规划、教职工队伍建设、教育教学改革、校园建设以及其他重大改革和重大问题解决方案的工作报告，提出意见和建议；

（3）听取学校年度工作、财务工作、工会工作报告以及其他专项工作报告，提出意见和建议；

（4）讨论通过学校提出的与教职工利益直接相关的福利、校内分配实施方案以及相应的教职工聘任、考核、奖惩办法；

（5）审议学校上一届教代会提案的办理情况报告；

（6）按照有关工作规定和安排，每年评议一次学校领导干部；

（7）通过多种方式对学校工作提出意见和建议，监督学校章程、规章制度和决策的落实，提出整改意见和建议。

（8）讨论法律、法规、规章规定的以及学校与学校工会商定的其他事项。

教代会的意见和建议，以会议决议的方式做出。

第七条 学校应当建立健全沟通机制，完善校务公开制度，全面听取教代会提出的意见和建议，并合理吸收采纳；不能吸收采纳的，应当做出说明。

第八条 教代会尊重和支持校长依法行使行政管理权；教育教职工严格遵守学校的规章制度，以主人翁的责任感努力完成各项工作任务。

第三章 教代会代表

第九条 凡与学校签订聘任聘用合同、具有聘任聘用关系的教职工，愿意承担代表义务，能够履行代表职权者，均可当选为教代会代表。

第十条 教代会代表比例，由学校根据实际情况确定。

第十一条 教代会代表从各分工会教职工中直接选举产生。

第十二条 教代会代表应以教师为主体，教师代表不得低于代表总数的60%，并保证一定比例的青年教师、女教师代表。教代会代表接受选举单位职工的监督。

第十三条 教代会代表可以按照选举单位组成代表团，也可以由两个或两个以上选举单位组成代表团，并推选出团长、副团长。

第十四条 教代会代表实行任期制，任期5年，可以连选连任。

第十五条 教代会代表受原选举单位教职工的监督，在下列情况下，原选举单位可以依照规定程序更换、补选或撤换本单位的代表：

（1）教代会代表工作发生变动，在任期内调离本校以及退职、退休的，其代表资格自行终止，缺额代表可由原选举单位进行补选；代表在校内调动工作，代表资格不变，参加调入单位代表团活动，原单位不再补选代表；

（2）代表不履行义务，经劝告无效，可由原单位按照规定程序予以撤换，并另行补选代表；

（3）代表受到党纪、政纪记过及以上处分，经所在代表团讨论，取消其代表资格；受刑事处分的撤销其代表资格；缺额由其所在单位另行补选；

（4）遇有其他情况，需要更换、补选代表的。

第十六条 教代会代表工作中享有下列权利：

（1）在教代会上享有选举权、被选举权和表决权；

（2）在教代会上充分发表意见和建议；

（3）提出提案并对提案办理情况进行询问和监督；

（4）就学校工作向学校领导和学校有关机构反映教职工的意见和要求；

（5）因履行职责受到压制、阻挠或者打击报复时，向有关部门提出申诉和控告。

第十七条 教代会代表应履行下列义务：

（1）努力学习并认真执行党的路线方针政策、国家的法律法规、党和国家关于教育改革发展的方针政策，不断提高思想政治素质和参与民主管理的能力；

（2）积极参加教代会的活动，认真宣传、贯彻教代会决议，完成教代会交给的任务；

（3）办事公正，为人正派，密切联系教职工群众，如实反映群众的意见和要求；

（4）及时向本部门教职工通报参加教代会活动和履行职责的情况，接受评议监督；

（5）自觉遵守学校的规章制度和职业道德，提高业务水平，做好本职工作。

第四章　组织与工作程序

第十八条　学校应当遵守教代会的组织规则，定期召开教代会，支持教代会的活动。

第十九条　教代会一般每学年至少召开一次会议。

如因特殊原因不能如期开会，应向代表说明，取得多数代表的同意。

遇有重大事项，经学校、学校工会或 1/3 以上教代会代表提议，可以临时召开教代会。

第二十条　教代会每五年为一届，期满应当进行换届选举。

第二十一条　教代会须有 2/3 以上代表出席方可召开。

教代会根据需要可以邀请非教代会代表，作为特邀或列席代表参加会议。特邀或列席代表在教代会上不具有选举权、被选举权和表决权。

第二十二条　教代会的议题，应当根据学校的中心工作、教职工的普遍要求，由校工会提交学校研究确定，并提请教代会表决通过。

第二十三条　教代会的选举和表决，须经教代会代表总数半数以上通过方为有效。

第二十四条　教代会在代表中推选人员，组成主席团主持会议。

主席团应当由学校各方面人员组成，其中包括学校、学校工会主要领导，教师代表应占多数。

第二十五条　教代会根据学校实际情况和需要设立若干专门委员会、工作小组，完成教代会交办的有关任务。各专门委员会、工作小组对教代会负责。

第二十六条　教代会闭会期间，遇有急需解决的重要问题，可由学校工会联系有关专门委员会（工作小组）与学校有关机构协商处理。其结果向下一次教代会报告。

第五章　工作机构

第二十七条　学校工会为教代会的工作机构。

第二十八条　学校工会承担以下与教代会相关的工作职责：

（1）做好教代会的筹备工作和会务工作，组织选举教代会代表，征集和整理提案，提出会议议题、方案和主席团建议人选；

（2）教代会闭会期间，组织传达贯彻教代会精神，督促检查教代会决议的落实，组织各代表团及专门委员会的活动，主持召开教职工代表团长、专门委员会负责人联席会议；

（3）组织教代会代表的培训，接受和处理教代会代表的建议和申诉；

（4）就学校民主管理工作向学校党委汇报，与学校沟通；

（5）完成教代会委托的其他任务。

第二十九条　学校应当为学校工会承担教代会工作机构的职责提供必要的工作条件和经费保障。教代会应厉行节约，注重实效。

第六章　附则

第三十条　学校可以实行学校、分工会两级教代会制度。分工会可根据教职工人数建立教代会（教职工大会）制度。建立的二级教代会制度，应参照执行本实施办法。

第三十一条　本实施办法自发布之日（2019 年 8 月 8 日）起施行。解释权归学校工会。原《黄河交通学院教代会规定（试行）》（黄交院工字〔2015〕2 号）同时废止。

黄河交通学院思想政治工作奖评审办法

为进一步加强和改进新时代思想政治工作，深入学习宣传贯彻习近平新时代中国特色社会主义思想，持续贯彻落实全国全省高校思想政治工作会议和思想政治理论课座谈会议精神，落实《高校思想政治工作质量提升工程实施纲要》，不断提升学校思想政治工作的有效性与针对性，全面落实立德树人根本任务，按照《河南省高等学校思想政治工作奖评审办法》（豫高发〔2012〕35 号）等相关规定，结合学校实际，制定本评审办法。

一、指导思想

高举中国特色社会主义伟大旗帜，以马克思列宁主义、毛泽东思想、邓小平理论、"三个代表"重要思想、科学发展观和习近平新时代中国特色社会主义思想为指导，坚持社会主义办学方向，全面贯彻党的教育方针，落实立德树人根本任务，践行为党育人、为国育才初心使命。鼓励和表彰在学校思想政治工作领域做出突出贡献的先进典型，总结推广思想政治工作的先进经验，为实现"第二个百年"奋斗目标，实现中华民族伟大复兴的中国梦，培养德智体美劳全面发展的社会主义建设者和接班人。

二、奖项设置

黄河交通学院思想政治工作奖共设置以下五个奖项：
（1）黄河交通学院思想政治工作先进集体；
（2）黄河交通学院思想政治工作优秀品牌；
（3）黄河交通学院思想政治工作先进个人；
（4）黄河交通学院优秀辅导员；
（5）黄河交通学院思想政治理论课优秀教师。

三、奖励范围及对象

（1）思想政治工作先进集体评选对象：学习宣传思想政治工作领域取得突出成绩的学校基层党组织（分党委、党总支、直属党支部）。

（2）思想政治工作优秀品牌评选对象：学校各单位在长期思想政治工作中积累形成的、目前仍在发挥作用的、师生认可的、有一定影响力和示范推广价值的工作成果。

（3）思想政治工作先进个人评选对象：学校从事师生思想政治的党政干部与教职员工。校级领导干部以及学生不参加评选。

（4）优秀辅导员的评选对象：学校一线专职辅导员。

（5）思想政治理论课优秀教师评选对象：学校专任思想政治理论课教师。

四、评选条件和标准

（一）思想政治工作先进集体评选条件和标准

（1）以习近平新时代中国特色社会主义思想为指导，全面贯彻党的教育方针，牢固确立马克思主义在学校意识形态领域的指导地位，坚持社会主义办学方向，育人为本、德育为先的办学理念得到宣传贯彻落实，并深入人心。

（2）把师生思想政治工作摆到重要议事日程，切实解决思想政治工作中的困难和问题；严格落实院（系、部）二级中心学习组和师生的理论学习计划，创新学习形式，注重学习实效。切实加强师德师风建设，全面提高教职员工的理论素质和情操修养。充分发挥各门课程的育人作用，教书育人、管理育人、服务育人成效显著。

（3）高度重视思想政治工作干部队伍的选拔使用和培训提高，有一支政治强、业务精、作风正，专兼职结合的思想政治工作队伍。思想政治工作制度健全，责任明晰。

（4）课堂内外思想政治教育活动丰富，实践育人工作扎实有效，网络思想政治教育生动活泼，心理健康宣传教育活动经常化、制度化。积极开展思想政治教育专项理论调研和课题研究。

（5）贯彻落实教职工联系大学生谈心谈话制度。坚持以人为本，贴近实际、贴近生活、贴近学生，积极探索新形势下学生思想政治教育的新途径、新办法，思想政治教育的时代感、针对性和实效性不断增强，育人效果显著。

（6）入选者近两年内未出现任何违法违纪现象，未发生影响学校稳定和社会稳定的重大事件。

（二）思想政治工作优秀品牌评选条件和标准

（1）精心策划和长期培育，密切联系工作实际和师生思想实际，有较高的理论价值和较强的现实指导意义，有深厚的历史积淀，在育人方面发挥着积极作用。

（2）具有较强的创新性和独特性，能够结合学校特点和实际，品牌优势和教育效果明显，深受师生好评。

（3）能够反映本单位思想政治教育的成效，有较高的学习、借鉴、宣传和推广价值。

（4）优秀品牌为固化成果，且目前仍然存在并发挥作用。

（三）思想政治工作先进个人评选条件和标准

（1）认真学习党的十八大以来的有关方针政策和习近平总书记系列重要讲话精神，有较高的政治素养和理论素养，有较强的政治辨别力和政治敏锐性，在大是大非问题上，立场坚定，旗帜鲜明，与党中央保持高度一致。

（2）热爱高校思想政治工作，从事思想政治工作3年以上，有一定的马克思主义理论基础和较高的政策水平，有强烈的事业心和高度的责任感，工作积极主动并取得显著成绩，深受师生信任和尊重。

（3）遵循思想政治工作规律，能够运用马克思主义立场、观点和方法，不断拓宽工作途径，努力提高思想政治工作的针对性、实效性和吸引力、感染力，认真解决师生中的思想理论问题和实际问题，成绩突出，事迹感人。

(4) 在思想政治工作理论和方式、方法上，勤于思考，勇于创新。注重结合工作实际，切实加强思想政治工作研究。

(5) 年度考核优秀或个人（所在单位）受到过校级或校级以上表彰。

（四）优秀辅导员评选条件和标准

(1) 认真学习党的十八大以来的有关方针政策和习近平总书记系列重要讲话精神，有较高的政治素养和理论素养，有较强的政治辨别力和政治敏锐性，在大是大非问题上，立场坚定，旗帜鲜明，与党中央保持高度一致。

(2) 认真贯彻党的教育方针，师德高尚，乐于奉献，教书育人为人师表，在学生中有较高威信。坚持育人为本、德育为先，认真履行《普通高等学校辅导员队伍建设规定》（教育部令24号）中的各项工作职责，在大学生思想政治教育工作中成绩突出。

(3) 具备马克思主义理论素养，能够运用马克思主义基本立场、观点和方法指导学生工作，掌握思想政治教育基本原理和方法。注重运用各种工作载体，努力拓宽工作途径，不断提高工作技能和水平。注重科学研究，善于思考和总结，能够结合辅导员工作实际，做到日常教育和理论研究相互结合，取得一定科研成果。

(4) 热爱辅导员工作，从事一线辅导员工作2年以上（含2年），至今仍在辅导员工作一线，其工作得到学校、院（系）和学生的普遍好评；从事辅导员工作虽不满2年（不少于1年），但确有突出成绩的辅导员；个人或所带学生团体受到过校级或校级以上表彰；接受过系统的岗位培训并取得相应的合格证书。

（五）思想政治理论课优秀教师评选条件和标准

(1) 坚持正确的政治方向，对马克思主义真学、真懂、真信、真用。以习近平新时代中国特色社会主义思想为指引，自觉践行社会主义核心价值体系，在事关政治原则、政治立场和政治方向问题上与党中央保持一致。

(2) 热爱和钻研思想政治理论课教学工作，具有良好的思想品德，从事思想政治理论课教学工作2年以上（含2年）；重视社会调查和社会实践，积极组织或参加社会实践活动。

(3) 具有较高的思想政治理论素养，有扎实系统的马克思主义理论学科的基础理论和相应的教学水平、科研能力，学术视野较为宽广，学术成果较为丰硕，学风教风端正。

(4) 积极进行教学改革，钻研教学业务，有明确的教改思路和方法，教学能力强，教学效果突出，在思想政治理论课教学改革和科研、管理以及教书育人方面成绩显著。

五、评审与奖励

（一）评审程序

(1) 黄河交通学院思想政治工作奖每年度评选一次，每年度评选思想政治工作先进集体2个，思想政治工作优秀品牌2项，思想政治工作先进个人6人，优秀辅导员若干名，思想政治理论课优秀教师若干名。

(2) 黄河交通学院思想政治工作先进集体、思想政治工作优秀品牌、思想政治工作先进个人由分党委（党总支、直属党支部）负责组织申报（申报内容包括工作总结和支撑材料），党委宣传部会同相关部门评选公示，报请校党委研究决定。黄河交通学院优秀辅导员、思想政治理论课优秀教师分别由学生工作部、马克思主义学院按照相关规定组织评选，报请校党委研究决定。

（二）表彰奖励

（1）黄河交通学院思想政治工作奖由党委授予其相应的荣誉称号，并颁发荣誉证书。

（2）思想政治工作先进集体奖励经费3 000元，思想政治工作优秀品牌奖励经费2 000元，思想政治工作先进个人、优秀辅导员、思想政治理论课优秀教师给予一定的物质奖励。

六、奖项管理

"黄河交通学院思想政治工作奖"实行动态管理。出现违法违纪现象以及任何与称号不符情况者，撤销相应奖项。此办法自公布之日（2021年12月20日）起实施。

黄河交通学院教师教学荣誉奖励办法（试行）

第一条 为充分调动广大教师投身教学的积极性和主动性，营造重视教学和奖励先进的文化氛围，促进我校教学质量和人才培养质量不断提高，特制定本办法。

第二条 教师教学荣誉奖励是对在学校各类教学活动中表现优秀、成绩优异的教师进行奖励，包括教学名师奖、教学新秀奖、示范教师奖、年度优秀教学奖、教学奉献奖、"树人杯"教学技能大赛奖、"立德杯"课程思政示范课比赛奖、优秀教案奖、优秀多媒体课件奖、优秀毕业设计（论文）指导教师奖、优秀学科竞赛指导教师奖等。

第三条 参评各奖项的教师，应自觉践行社会主义核心价值观，落实立德树人根本任务，遵守法律法规和学校的规章制度，爱岗敬业，努力工作。在奖项要求的年限内出现下述情况之一者不得申报相应奖项：

（1）受过党纪、政纪处分。
（2）有教学事故纪录。
（3）有学术失范行为。
（4）不服从教学任务安排。
（5）其他有违师德师风行为者。

第四条 教学名师奖

（一）评选条件

教学名师奖是学校教学领域的最高荣誉奖，旨在表彰在教学第一线为人师表、全身心投入教学工作，在师生中有良好口碑，赢得师生赞誉，在教书育人方面做出突出贡献的教师。应具备如下条件：

（1）具有副高及以上专业技术职称，在教学一线工作10年及以上。

（2）近5年内连续承担本科生教学任务，教学工作量饱满。近5年内至少讲授2门本科生课程（含选修课，通识必修课教师可不受此限制）。

（3）近5年内有5个学期学生评教综合成绩列所在学院（系、部）前30%，或近5年内获得2次年度优秀教学奖，或近5年内获得2次校级教学竞赛二等奖及以上奖励，或近5年内获得过校级示范教师奖。

（4）自觉指导和帮助青年教师不断提高教学水平，重视教学团队建设，对形成合理的教学团队和教学梯队做出过重要贡献。

（5）近5年内取得下列教研成果之一：主持或参与（排名前3）1项省级及以上教学工程项目，或主持2项校级教学工程项目；主持或参与（排名前3）1项省级及以上教学研究项目，或主持2项校级教学研究项目；主持或参与（排名前3）获得1项省级及以上教学成果奖，或主持获得2项校级教学成果奖；作为第一作者以"黄河交通学院"为署名单位公开发表至少2篇教育教学方面论文；编写出版有高水平教材（本人编写6万字以上）1本。

(6) 近 5 年内指导学生取得下列成果之一：指导的学生毕业设计（论文）获得省级优秀；作为第一指导教师指导学生参加学科竞赛或社会实践获得省级一等奖及以上奖励；作为第一指导教师指导学生获得省级及以上大学生创新创业训练计划立项。

（二）评选名额

教学名师奖每年评选 1 次，每次不超过 2 名。

（三）评选程序

(1) 教师申报。各单位组织教师学习评选条件，由教师根据自身条件，自愿申报。

(2) 单位推荐。各单位对参评教师进行综合评价，确定本单位候选人。

(3) 资格审查。教务处会同人事处对候选人申报资格进行审查。

(4) 校内外专家评议。教务处组织校内外专家对推荐候选人选进行评议。

(5) 教学指导委员会评审。学校教学指导委员会根据专家评议意见，评定获奖名单。

(6) 公示表彰。学校对经公示无异议的获奖人员进行表彰，颁发荣誉证书和奖金 10 000 元。

第五条 教学新秀奖

（一）评选条件

教学新秀奖旨在表彰和奖励青年教师，引导青年教师把主要精力投入教学中。应具备如下条件：

(1) 年龄在 35 周岁（含 35 周岁）以下，教龄满 3 年。

(2) 近 3 年连续承担本科生教学任务，教学工作量饱满。

3 年内至少讲授 2 门本科生课程（含选修课，通识必修课教师可不受此限制）。

(3) 近 3 年 3 个学期学生评教综合成绩列所在学院前 40%，或近 3 年内获得 1 次年度优秀教学奖，或近 3 年内获得 1 次校级及以上教学竞赛奖。

(4) 近 3 年内取得下列教研成果之一：

参与（排名前 5）1 项省级及以上教学工程项目，或主持 1 项校级教学工程项目；主持或参与（排名前 3）1 项市厅级及以上教学研究项目，或主持 1 项校级教学研究项目；主持或参与（排名前 3）获得 1 项市厅级及以上教学成果奖，或主持获得 1 项校级教学成果奖；作为第一作者以"黄河交通学院"为署名单位公开发表至少 1 篇教育教学方面论文；编写出版有高水平教材（本人编写 5 万字以上）1 本，等等。

(5) 近 5 年内指导学生取得下列成果之一：

指导的学生毕业设计（论文）获得校级及以上优秀；作为第一指导教师指导学生参加学科竞赛或社会实践获得市厅级及以上奖励；作为第一指导教师指导学生获得省级及以上大学生创新创业训练计划立项，等等。

（二）评选名额

教学新秀奖每年评选 1 次，每次不超过 20 名。

（三）评选程序

同第四条第（三）款，奖金额度为 5 000 元。

第六条 示范教师奖

（一）评选条件

示范教师奖通过示范教学比赛形式评选，每年评选一次。参加示范教师评选应同时具备以下条件：

（1）思想进步、师德高尚、教书育人、为人师表，近两年内未出现过教学事故和差错。

（2）在最近两届校级及以上教学技能大赛中获过一、二等奖。

（3）近两年内每年都承担本科课堂教学任务，教学工作量饱满。

（二）评选程序

（1）单位推荐。

（2）资格审查。教务处会同人事处对学院推荐的参赛参评人选进行资格审查，并向学院（系、部）反馈审查通过名单。审查通过的教师须向教务处提交以下材料：

①学院（系、部）党总支出具的思想鉴定；

②参赛课程教学日历（必须与当学年实际开课提交的一致）和其中8学时的参赛节次、目录（或标题）。

（3）集中讲课比赛。教务处组织各参赛教师进行集中讲课比赛。比赛前一天，由教务处从教师提交的8学时中随机抽取1个学时，作为每位参赛教师的授课内容。教师在参赛前向评委递交参赛内容的教案，根据内容要求讲授20~30分钟。

（4）成绩计算。参评教师评选成绩计算如下：

评选成绩=集中竞赛成绩×80%＋本科课堂教学评教成绩×20%，其中：本科课堂教学评教成绩取参评教师最近2次评教平均成绩。

（5）确定获奖人选。根据评选成绩排名，确定前1/2为示范教师人选。

（6）公示表彰。示范教师人选公示三天，接受师生监督。公示结束后，由学校发文公布示范教师名单，颁发荣誉证书并拨付奖金2 000元。示范教师申请校级教研教改项目，可优先立项并按重点项目进行资助。

第七条 年度优秀教学奖

在教学工作年度考评中考核结果为优秀的教师，授予年度优秀教学奖，由学校颁发荣誉证书。

第八条 教学奉献奖

教学奉献奖重在大力弘扬教师以教为本、以教为荣的职业精神，旨在表彰长期坚守教学一线、辛勤耕耘、默默奉献的教师。凡我校教师在校工作达到一定年限，完成安排的教学任务，且未受到过党纪、政纪处分，未出现过严重教学事故，未发现有学术失范行为，均可授予教学奉献奖。在学校教学岗位连续工作达到5年者，授予教学奉献奖铜奖，颁发奖金1 000元；在学校教学岗位连续工作达到10年者，授予教学奉献奖银奖，颁发奖金2 000元；在学校教学岗位连续工作达到15年者，授予教学奉献奖金奖，颁发奖金3 000元；在学校教学岗位连续工作达到20年者，授予教学奉献奖钻石奖，颁发奖金5 000元。

办理程序为：个人申请，所在单位初审，教务处会同人事处复审，公示，发文公布并授奖。

第九条 "树人杯"教学技能大赛奖、"立德杯"课程思政示范课比赛奖

在学校每年举办的"树人杯"教学技能大赛、"立德杯"课程思政示范课比赛中获得

一、二、三等奖的教师，由学校颁发获奖证书和奖金1 000元、800元、500元。

第十条 优秀教案奖、优秀多媒体课件奖

在学校每年举办的优秀教案奖、优秀多媒体课件奖评选中获得一、二、三等奖的老师，由学校颁发获奖证书和奖金500元、300元、200元。

第十一条 优秀毕业设计（论文）指导教师奖

获得省级优秀毕业设计（论文）的指导教师，奖励1 000元；获得校级优秀毕业设计（论文）的指导教师，由学校颁发证书和奖金500元。

第十二条 优秀学科竞赛指导教师奖

优秀学科竞赛指导教师奖旨在表彰和奖励在学科竞赛中取得优异成绩的指导教师，每年评选一次。指导学生参加学科竞赛获得国家级奖励2项以上或省级二等以上奖励3项以上的教师，由学校授予"优秀学科竞赛指导教师"称号，颁发荣誉证书和奖金2 000元。

第十三条 本办法自发布之日（2021年7月16日）起施行，由教务处负责解释。

以前文件中有关内容与本办法不一致的，以本办法为准。

黄河交通学院教学质量奖评选办法（试行）

为了贯彻教育部《关于加快建设高水平本科教育全面提高人才培养能力的意见》（〔2018〕2号）、《关于深化本科教育教学改革全面提高人才培养质量的意见》（〔2019〕6号）等文件精神，进一步巩固教学工作中心地位，激励广大教师认真做好教学工作，不断提高教学质量和人才培养质量，学校决定设立黄河交通学院教学质量奖，每年评选一次。

一、评选目的

开展教学质量奖评选工作是保障和提高教学质量的重要举措，根本目的在于激励广大教师全身心投入教学工作，积极开展教学研究和教学改革，不断提升教学能力和教学水平，进而在全体教师中形成教书育人、爱岗敬业、争先创优的浓厚氛围，推进学校内涵发展，全面提高人才培养质量。

二、评选条件

凡我校在编在岗，具有教师专业技术职称，从事本、专科教学的教师，符合以下条件，均可评选：

（1）拥护中国共产党的领导，热爱社会主义祖国，遵守国家法律法规和学校的各项规章制度，品行端正，为人师表。

（2）认真履行岗位职责，具有良好职业道德，教风优良，教书育人，立德树人，事迹突出。

（3）完成规定的教学任务，工作量饱满，三年内无教学责任事故。

（4）教学方法得当，教学手段先进，教学效果优秀，在教学检查、教学督导、年度教学工作考评中成绩优秀，学生网上评教成绩排序前10%。

（5）潜心教学研究和教学改革，成绩显著，符合下列条件之一：

①主持获得省级及以上教研课题1项；

②主持获得厅级二等奖及以上教学成果1项；

③以第一作者在核心期刊发表教研论文1篇；

④参编出版省级及以上规划教材（以正式文件为准，本人编写5万字以上）1本，或主编出版校级规划教材1本；

⑤获得省级及以上教学工程项目（限前3名）；

⑥作为第一导师指导学生参加学科竞赛、大学生技能比赛等获省级二等奖及以上奖励；

⑦指导学生获省级优秀毕业设计（论文）；

⑧获校级一等奖及以上教学比赛奖励。

以上成绩均应是当年取得，且以黄河交通学院为第一署名单位。

三、评奖指标

每个二级学院（系、部）推荐一两名教师参评，学校每年评选不超过 10 名获奖者。

四、评选程序

（一）学院（系、部）推荐

各二级学院（系、部）成立以书记、院长（主任）为组长的教学质量奖推荐小组（推荐小组至少要有 2 名教师代表），负责本单位教学质量奖推荐工作。推荐结果须在本单位内部公示。公示无异议后将推荐名单及相关材料汇总后报教务处。

（二）材料审核

教务处和教学质量监测与评价中心共同对学院（系、部）推荐人员报送的相关材料进行审核，通过者进入下一环节。

（三）专家评审

教务处和教学质量监测与评价中心组织专家进行评审，推荐出获奖教师名单。

（四）确定获奖名单

教务处将推荐获奖教师名单报校长办公会议审批，确定最终获奖教师名单。

五、表彰奖励

经校长办公会议批准的教师，获得"黄河交通学院教学质量奖"，由学校颁发证书和奖金 2 000 元。

六、附则

（1）黄河交通学院教学质量奖原则上安排在 12 月底进行。评选结果作为教师各类评先评优、职称评定的重要依据。

（2）已经获得校级及以上教学名师奖的教师，不再参评本奖项。

（3）本办法自公布之日（2020 年 7 月 20 日）起施行，由教务处负责解释。

黄河交通学院学科竞赛管理办法

为加强学生创新精神、实践能力和团队精神、竞争意识的培养，造就知识、能力、素质协调发展的高素质应用型人才，学校鼓励学生积极参加各级各类大学生学科竞赛。为促进学科竞赛的组织管理工作科学化、规范化，特制定本办法。

一、竞赛层次

本办法所指的大学生学科竞赛分为国家级、省级和校级三个层级。

（1）国家级学科竞赛：指国家政府部门或全国性学术团体组织的全国性学科竞赛和为国际级学科竞赛决赛而举行的区域选拔赛。联合国教科文组织或其他国际学术团体，或某学术团体面向全球组织且参赛国分布在三大洲及以上的国际性学科竞赛，视同国家级学科竞赛。

（2）省级学科竞赛：指省级政府有关部门或省级学术团体组织的全省性或跨省（直辖市、自治区）的学科竞赛。

（3）校级学科竞赛：指以学校名义组织的全校性学科竞赛。

二、竞赛组织

大学生学科竞赛工作由分管教学工作的校长负责领导，教务处、校团委负责整体组织和协调管理，各二级学院负责相关学科竞赛的具体承办、组织与实施，其他相关单位和部门积极配合。校团委负责主持"挑战杯系列"竞赛，教务处主持其余学科竞赛。

（1）教务处、校团委负责校级及校级以上学科竞赛的组织协调工作，其职责主要包括：

①根据学科竞赛类别，确定竞赛的具体负责单位；

②负责组织协调与竞赛相关的校内外单位和部门的联系；

③审定校级竞赛的相关竞赛规程、竞赛命题、比赛结果等；

④指导和协助相关二级学院组织省级及省级以上的竞赛培训、指导教师的选拔、宣传和通知的发布、竞赛结果公布等工作；

⑤指导和协助相关二级学院组织省级竞赛的承办工作；

⑥组织国家级竞赛的承办工作；

⑦组织竞赛的总结、交流与奖励。

（2）二级学院负责相关学科竞赛项目的具体实施，其职责主要包括：

①组织具有本单位专业特色的院（系、部）级竞赛。

②组织校级竞赛，包括制定竞赛章程，负责竞赛的命题、试卷的保密、阅卷和竞赛的评审等工作，以及提供竞赛必需的场地、材料、仪器、设备等。

③组织参加省级及以上的竞赛，包括制定竞赛目标、指定竞赛指导教师（教练）、制定

培训方案、组织队员培训和参赛队选拔等工作。

④承办省级及以上的竞赛。

⑤做好竞赛总结与交流工作。

三、具体实施

按照下列要求组织实施。

（1）规范通知发布，扩大学生参与面。竞赛通知一般要提前4周以上发布，需提交作品的竞赛则要提前2~3月发布。通知内容主要包含竞赛背景、组织机构、参赛对象与竞赛内容、竞赛安排、奖励办法、联系方式等。

（2）加强赛前培训，扩大学生受益面。对参赛对象不限定专业、年级（上级文件有明确要求的除外），鼓励学生积极报名参赛和参加赛前培训，加强赛中指导，全方位、多渠道提升学生能力。

（3）做好竞赛组织，扩大成果辐射面。加强竞赛宣传工作，充分展示参赛学生、指导老师风貌，及时积累竞赛和培训素材；做好赛后总结，做好参赛、培训、获奖和经费使用情况统计和分析，不断提高工作水平；收集好获奖实物作品在学校创新创业教育成果展厅进行展示，激励更多学生积极参加学科竞赛。

（4）促进成果转化，扩大竞赛延伸度。鼓励学科竞赛获奖学生积极申报学校各级各类创新创业项目，积极参加相关创新创业大赛，促进竞赛项目成果转化，以赛促教、赛教结合、以赛促学、赛学相长，全面提升学生研究性学习和创新创业实践能力。

四、奖惩机制

学校根据每年的竞赛成绩，对获奖学生、指导教师、学科竞赛项目负责人和竞赛组织单位以多种形式进行表彰和激励。对在学科竞赛中违反学术道德的，给予相应处分。

1. 对学生的激励

（1）对在学科竞赛中获奖的学生按照有关文件规定认定公共选修课程学分，按照《黄河交通学院学生素质拓展与考核标准》规定认定素质拓展学分，按照《黄河交通学院学士学位授予工作实施细则》规定认定授予学士学位条件。

（2）学生参加学科竞赛获得奖励的学校给予奖励。奖励标准为：国家级一等奖5 000元/项，国家级二等奖3 000元/项，国家级三等奖2 000元/项，省部级一等奖2 000元/项，省部级二等奖1 000元/项，省部级三等奖600元/项，校级一等奖300元/项，校级二等奖200元/项，校级三等奖100元/项。

2. 对指导教师的激励

（1）对教师指导学生参加学科竞赛，按照《黄河交通学院教学工作量计算办法》给予一定的工作量补贴。

（2）对指导学生参加学科竞赛获奖的，按照《黄河交通学院教学奖励及资助办法》予以奖励。

（3）指导学生参加学科竞赛做出较大贡献的，按照《黄河交通学院教师教学荣誉奖励办法（试行）》规定授予"优秀学科竞赛指导教师奖"，颁发荣誉证书和奖金。

（4）对在指导学科竞赛中做出贡献的老师，在职称评定、教学考核、评先评优、相关项目评审中给予倾斜。

3. 对学院（系、部）的激励

（1）学校设立学科竞赛专项资金，对学院（系、部）组织承办全校性学科竞赛、组织参加省级及以上学科竞赛给予经费支持。

（2）在全校性学科竞赛中设立优秀组织奖，对组织工作出色、参赛成绩突出的单位予以表彰。

（3）学校每年评选学科竞赛优秀组织单位，予以表彰和奖励。"学科竞赛优秀组织单位"每年度评选一次，分别评选国、省、校三级竞赛优秀组织单位各一个，颁发证书和奖金 20 000 元、10 000 元、5 000 元。

（4）将学科竞赛作为一项重要指标纳入年度院（系、部）教学工作考核。

4. 师生参加各类竞赛，须遵守相关章程、严守学术诚信

对在学科竞赛中违反学术道德的学生，学校将依照黄河交通学院考风考纪等相关规定，给予相应处分；对在学科竞赛中违反学术道德的在职教职工及单位责任人，按照《黄河交通学院教学事故认定及处理办法》给予处分。

五、其他

本办法自发布之日（2021 年 10 月 12 日）起施行，由教务处负责解释。

黄河交通学院教学日常运行经费管理办法（试行）

第一章　总则

第一条　为贯彻党的十九大精神和教育部《关于加快建设高水平本科教育全面提高人才培养能力的意见》，落实立德树人根本任务，确保教学工作中心地位和人才培养质量，规范和加强教学日常运行经费管理，提高资金使用效益，促进学校转型发展，根据学校有关规定，结合学校实际，制定本办法。

第二条　本办法中所指教学日常运行经费是指围绕本（专）科正常教学活动而发生的教学基本业务经费和管理部门统一支配的教科研专项建设经费等。

第三条　教学日常运行经费的使用，遵循"促进教学，专款专用，合法合规，讲求效益"的原则。

第二章　经费分配原则

第四条　学校年度经费预算要优先确保教学日常运行经费投入，并遵循教学质量和人才培养要求，保证基本教学运行需要并向教学一线倾斜。

第五条　学校教学日常运行经费年度投入占年度学费收入之和不低于13%，且生均年度教学经费不低于1 200元，且应随着教育事业经费的增长而逐步增长。

第六条　教学日常基本业务经费中各类经费年度分配指标由学校根据在校生人数、在编教职工人数、专业个数、专业类别以及上年度预算执行情况综合确定，于年度预算编制任务下达时同步下达。

第七条　教科研专项建设经费由相关管理部门，根据专业建设、课程建设、教材建设、教学改革、队伍建设及"一流专业"建设需求提交专项经费立项申请书。

第八条　学校教科研管理部门应结合学校财力实现的可能，结合教学日常运行经费年度计划投入总量，召开专题会议研究、审核教科研专项建设项目的必要性、经费申请的合理性，经校长办公会审议，通过后报请学校理事会批准立项。

第三章　经费使用范围

第九条　教学基本业务经费

教学基本业务经费是指教学（教辅）部门用于维持日常教学运行的费用，包括办公用品费、租赁费、水电费、差旅费、劳务费、材料印刷费、交通费、邮电费、通信费、邮寄费、教学会议费、维修（护）费、教学培训费、咨询费以及其他教学经费。

（一）办公费：包括用于教学的图书资料、讲义、报刊、文献检索、资料查询、购买课件、数据采集以及用于教学（教辅）部门购置的日常办公用品支出。办公用品的报销，应要求售货单位在发票上写明品名、单价和数量，或附销售清单。不得以"办公用品""耗材"等笼统代之。

（二）租赁费：指租赁办公用房、宿舍、专用通讯网、运输工具、仓库、低值易耗品以及其他设备等的费用。

（三）水电费：教学、实验室、图书馆所用水电费用。

（四）差旅费：教学单位人员进行教学调研、资料搜集、参加教学会议的业务活动等所开支的差旅费。

（五）劳务费：教学教辅单位支付给校外单位和个人的劳务费用，如临时聘用人员工资，钟点工工资，稿费，翻译费，评审费，以及教学单位为完成正常教学计划组织各类本（专）科生讲座支付给专家的讲座费。

（六）材料印刷费：用于教学业务的材料及印刷、复印、装订、打印、冲扩等费用。

（七）交通费：本（专）科学生跨校区做实验、选修课、实习等用车费以及其他教学活动中发生的交通工具的租用费、出租车费，单位公用车辆的燃料费、维修费、过桥过路费、保险费、停车费等，一律不得开支私人车辆因私发生的费用。

（八）邮电费、通信费、邮寄费：教学活动中发生的邮寄费、办公电话费、传真费、公用网络通信费、快递费等。

（九）教学会议费：教学单位组织教学会议发生的场地租用费、餐费、住宿费、交通费、办公费、印刷费、讲课费等。

（十）维修（护）费：用于教学、实验等固定资产的日常维修、维护费用，以及网络信息系统运行与维护费用及其他零星维修费。

（十一）咨询费：教学活动过程中发生的业务咨询、技术咨询、管理咨询等支出的费用，以及聘请咨询顾问的费用。根据《财政部关于印发中央财政科研项目专家咨询费管理办法的通知》（财科教〔2017〕128号），为 $900\sim1500$ 元/（人·天$^{-1}$）（税后）。超过两天则第三天减半。咨询时间超过两天的，第三天及以后，按本办法第九条所规定标准的50%执行。

（十二）其他教学经费包括除上述经费外，其他直接用于教学业务的相关经费。

第十条 管理部门统一支配的费用

管理部门统一支配的用于教学及管理的各类专项经费，包括教科研专项建设经费（科研经费、课程建设支出、学科建设费、专业建设费等）、学报、实验仪器设备维修费、实验实训材料费、考务费、体育维持费、教师培训费、教师教学比赛、实习实践经费、教学改革业务费、学生活动费、网络运行经费、就业创业教育费、思政教育费等。

（一）教科研专项建设经费：包括校级或上级设立为一流建设专业、重点专业、特色专业、课程建设、教材建设、教学改革以及围绕教师教学及科研能力提升项目的相关建设经费。教科研专项建设经费开支范围：主要围绕项目建设开支的耗材费、资料费、数据采集费、调研差旅费、交通费、会议费、咨询费、培训费、劳务费等相关经费。

（二）学报：学报出版、发行等费用。

（三）实验仪器设备维修费：专项用于实验教学仪器设备的维修费用。

（四）实验实训材料费：教学活动中发生的检验、测试、实验实训等费用。如：购置达不到固定资产价值的低值品和化学药品、试剂、玻璃仪器、原材料、元器件、配件、工具、专用服装等易耗品及实验动物等的费用。大宗材料发票后须附清单，各单位应健全购置、保管、领用内部控制制度。

（五）考务费：主要是指组织各类本（专）科学生考试须支付的试耗材费、试卷费、评阅费、监考费等。

（六）体育维持费：是指用于维持体育教学的各类费用，主要包括各种体育器械的购置费、维修（护）费、场地维护费、体育运动会费用、消耗性体育用品、运动员服装购置费、运动员训练补贴、场地租金及军训办公用品费、邮电费、资料费、印刷费、交通费、武器保管费、教官生活费、军训补助、新生军训活动费及其他用于体育教学的费用。

（七）教师培训费：主要是指教学人员参加短期教学会议培训的费用，报销票据要附培训通知和单位领导的批件。不得报销私人的学费或培训费。

（八）实习实践经费：本专科生生产实习、见习、毕业设计（学生毕业论文设计、指导、答辩等相关经费，凭票据报销并附论文答辩费用说明和学生名单）、参加学科类竞赛活动社会实践等发生的有关费用；校外基地建设维护费。实习教学地点应根据"就近安排"的原则，提高实习效果，节省经费开支。开支范围包括交通费、住宿费、补助、实习单位管理费或实习指导酬金、材料费、学生实习保险费以及个别特殊专业实习必需的参观费等。

（九）教学改革业务费：用于教学改革的专项经费。

（十）学生活动费：指学校、教务处、学生处、团委及各学院（系、部）用于学生科技创新、文化体育、社会实践等活动的费用，包括文艺晚会、校内外文体以及专业比赛等的费用。

（十一）网络运行经费：校园网络与学校一卡通系统维护及其支付的服务费、年费。

（十二）就业创业教育费：主要用于开展就业创业教育所需的培训耗材，参加和举办竞赛、会议以及其他就业创业教育活动所需的专家费、差旅费、会务费、用车费、报名费等，不含仪器设备购置费用。

（十三）思政教育费：思想政治教育研究以及思政课建设、思政培训等费用。

第四章 经费使用管理

第十一条 教学基本业务经费实行零基预算。年末剩余经费清零，不结转使用。

第十二条 教科研专项建设经费实行滚动预算。当年未使用完，可结转下年度继续使用，但不得超过两年，项目建设完成后，项目建设单位需提交项目完成（绩效）情况自评报告，相关职能部门需组织专家对项目进行结项验收。

第十三条 教科研专项建设经费按照项目相应管理办法规定的建设内容使用，不得用于与项目建设无直接关系的开支，若没有相应管理办法规定可参照本办法执行。

第十四条 教学经费的使用审批，严格按照学校经费支出有关审批制度执行。

第十五条 教科研专项建设相关费用需经办人、验收人、项目负责人以及项目管理部门负责人签字后方可报销。

第十六条 各类物资材料（含实验材料）购置要按照学校的物资统购办法进行购置和办理入库、出库手续。

第十七条 各教学部门可根据学校财务管理规定及本管理办法，对本单位教学日常运行经费的管理和使用予以规范，并制定相应的内部管理规章制度，提高透明度，确保有限教学日常运行经费的使用效益。

第十八条 财务处对教学日常运行经费的日常报销进行审核把关，对巧立名目、弄虚作假的，一经发现，将按照有关规定严肃处理。

第十九条 财务处会同教务处、科研处、教评中心等部门，不定期对教科研专项经费的使用情况进行综合效益评价。评价结果，作为各教学（教辅）单位后期教科研专项建设立项依据。

第五章 附则

第二十条 本办法未尽事宜，由财务处负责解释。

第二十一条 本办法自发布之日（2021年11月16日）起施行。